从零开始学会计（图解版）

蔡平　编著

化学工业出版社

·北京·

全书以企业实际会计操作流程为题材，详细的讲解会计日常工作的各个环节，将会计工作流程分解成若干个连续的知识点，一一介绍给会计初学者。

图书在版编目（CIP）数据

从零开始学会计（图解版）/蔡平编著．—北京：
化学工业出版社，2011.1（2022.5重印）
ISBN 978-7-122-09927-3

Ⅰ.从… Ⅱ.蔡… Ⅲ.会计学-基本知识
Ⅳ.F230

中国版本图书馆CIP数据核字（2010）第224688号

责任编辑：罗　琨　　　　　　　　装帧设计：尹琳琳
责任校对：陈　静

出版发行：化学工业出版社（北京市东城区青年湖南街13号　邮政编码100011）
印　　装：三河市双峰印刷装订有限公司
720mm×1000mm　1/16　印张15¾　字数182千字
2022年5月北京第1版第24次印刷

购书咨询：010-64518888　　　　　　售后服务：010-64518899
网　　址：http://www.cip.com.cn
凡购买本书，如有缺损质量问题，本社销售中心负责调换。

定　　价：33.00元　　　　　　　　　　　版权所有　违者必究

前言

会计讲究实践，很多人对会计虽然有基础的理论了解，但是面对实际工作时却往往无从下手，在会计实账操作中会遇到很多的难题。在实际生活中，也很少有企业会把会计工作交给未曾接触会计实践的新手，如何掌握会计工作的实务操作，是很多想从事会计工作，或者想对会计工作有所了解的人非常渴求获得的知识。

企业初始成立时会计应该做什么工作？

如何把企业运营过程中的各项信息进行收集整理，使之对企业的发展起到相应的帮助？

……

鉴于这些问题，笔者依托自身多年的会计工作经验和财务管理经验，向读者奉上此书。

本书针对会计工作实际，注重理论与实践的结合，对会计工作从建账直至报税的全套账务流程进行了全面细致的讲述，利用企业会计业务实例全面展示了各过程的具体操作，希望读者通过对本书的阅读，能进一步提高对会计知识的理解，提升自身实务操作水平。

本书内容

全书以企业实际会计操作流程为题材，详细的讲解会计日常工作的各个环节，将会计工作流程分解成若干个连续的知识点——介绍。

第一部分：基础知识，包括第1章、2章。这一部分从会计的从业环境、岗位设置以及日常人们对会计认识的误区入手，同时，对会计的基础知识进行简要的讲解，使读者得以了解会计的基本层面。

第二部分：会计实务，包括第3～6章。在这部分中，笔者从企业建账直至会计报表的编制，通过大量的实例，以简洁、明快的语言向读者介绍了会计实际操作及日常工作中常见问题的解决办法。

第三部分：纳税申报，包括第 7 章。笔者大量使用了表格及流程图的列示，使申报纳税的各个环节变得简明易懂，从而最大程度的帮助读者用最简短的时间来掌握这些繁琐的业务操作。

本书特点

- **理论结合实践**。本书在阐述会计知识的过程中，打破单纯灌输理论知识的局限，突出仿真的业务训练，通过实践对会计理论知识进行深化，让读者轻轻松松掌握会计知识及实账操练。
- **生动形象的图例讲解**。对于会计日常工作所应用到的图表、账册工具，运用生动形象的示图进行表述，使读者真真切切的进入到会计工作的实践氛围。
- **简洁的语言风格**。书中的语言描述力求通俗简洁，富有趣味性，有助于读者在轻松的阅读过程中，了解、掌握会计知识。
- **经验小贴士**。作者在每一章的后面，都会就本章业务内容在实践中的经验、技巧进行总结，方便读者学习，在实际工作中快速胜出。

读者对象

本书可适合以下读者使用：

- 会计行业的职场新人
- 会计初学者
- 会计知识爱好者
- 各大中专院校的会计专业学生

- 从事会计工作，但对实务操作不熟练的从业人员

由于会计准则及相关税收政策处在不断的改革和完善之中，再加上编者水平有限，尽管编者力图全面详细的进行讲解，但是事无巨细，难免有所疏漏和欠妥之处，敬请广大读者朋友批评指正，并多多提出宝贵意见。

本书由蔡平编著，同时参与编写和资料整理的还有王安平、王成喜、王淑敏、谢马远、张丹、张迪妮、钟蜀明、竺东、祝庆林、陈水峰、慈元龙、关蔼婷、贺宇、胡立实、张昆，在此一并表示感谢。

目录

第1章 职场人生——会计

1.1 会计从业前景分析 ... 2
  1.1.1 会计的初步了解 ... 2
  1.1.2 会计目前的生存状况 ... 3
  1.1.3 怎样成为复合型会计人才 ... 3
1.2 什么人适合做会计 ... 4
  1.2.1 会计人员必备的素质有哪些 ... 5
  1.2.2 会计人员的任职要求有哪些 ... 5
  1.2.3 什么人不适合做会计 ... 6
1.3 会计成长的路线图 ... 7
  1.3.1 会计的职业规划 ... 7
  1.3.2 会计的职业资格考试 ... 8
1.4 部门中的工作伙伴 ... 11
  1.4.1 会计岗位的设置 ... 11
  1.4.2 各岗位的工作内容是什么 ... 12
  1.4.3 会计人员的法律责任 ... 13
1.5 关于会计认识的误区 ... 14
  1.5.1 会计与出纳的区别 ... 14
  1.5.2 会计和财务的区别 ... 15
  1.5.3 会计不等同记账 ... 16
1.6 小结 ... 16

第2章 磨刀不误砍柴工——必备的基础知识

2.1 会计的基本概念 ... 19
  2.1.1 会计职能 ... 19
  2.1.2 会计的对象 ... 20
  2.1.3 会计的基本假设 ... 21
  2.1.4 会计信息质量要求 ... 22
2.2 复式记账 ... 23
  2.2.1 会计要素 ... 23
  2.2.2 会计等式 ... 24
  2.2.3 会计科目 ... 25

2.2.4　会计的账户 ·················· 25
　　2.2.5　会计的工作流程 ············· 27
2.3　小结 ································ 28

第3章　开门头件事——建账

3.1　建账注意事项 ······················ 30
　　3.1.1　企业建账应注意的问题 ······ 30
　　3.1.2　建账时应取得的资料 ········ 31
　　3.1.3　会计账簿 ···················· 31
3.2　各类账簿的建账原则 ·············· 34
　　3.2.1　总账建账原则 ················ 34
　　3.2.2　明细账建账原则 ············· 34
　　3.2.3　日记账的建账原则 ··········· 35
　　3.2.4　备查账的建账原则 ··········· 35
3.3　不同行业的建账 ··················· 36
　　3.3.1　工业企业建账 ················ 36
　　3.3.2　商品流通企业建账 ··········· 40
　　3.3.3　服务企业建账 ················ 41
3.4　应用财务软件应如何建账 ········ 42
　　3.4.1　数据的收集 ·················· 42
　　3.4.2　初始化工作 ·················· 43
3.5　常见差错点拨 ······················ 46
　　3.5.1　盲目建账 ····················· 46
　　3.5.2　新设立企业建账出错 ········ 47
　　3.5.3　年度更换账簿出错 ··········· 47
　　3.5.4　职工福利费单独建账 ········ 47
3.6　小结 ································ 48

第4章　小试身手——编制凭证

4.1　会计凭证的种类及用途 ··········· 50
　　4.1.1　会计凭证的作用 ············· 50
　　4.1.2　会计凭证的种类 ············· 50
4.2　原始凭证的填制和审核 ··········· 50
　　4.2.1　原始凭证的内容 ············· 51
　　4.2.2　原始凭证的种类 ············· 52

4.2.3　原始凭证的填制…………………………58
　　　4.2.4　原始凭证的审核…………………………59
　　　4.2.5　原始凭证的粘贴…………………………60
　　　4.2.6　原始凭证处理要点………………………61
　4.3　记账凭证的填制和审核…………………………62
　　　4.3.1　记账凭证的内容…………………………63
　　　4.3.2　记账凭证的种类…………………………63
　　　4.3.3　记账凭证的填制…………………………64
　　　4.3.4　记账凭证的审核…………………………74
　4.4　凭证的传递、装订和保管………………………74
　　　4.4.1　会计凭证的传递…………………………74
　　　4.4.2　会计凭证的装订…………………………75
　　　4.4.3　会计凭证的保管…………………………77
　4.5　常见差错点拨……………………………………77
　　　4.5.1　原始凭证附件张数的正确填写…………77
　　　4.5.2　填制原始凭证常见错误…………………78
　　　4.5.3　填制记账凭证常见错误…………………79
　　　4.5.4　会计凭证保管不当………………………80
　4.6　小结………………………………………………82

第5章　手到擒来——账簿的登记

　5.1　会计账簿的登记…………………………………84
　　　5.1.1　会计账簿的意义…………………………84
　　　5.1.2　账簿登记的要求…………………………85
　　　5.1.3　日记账的登记……………………………86
　　　5.1.4　总分类账的登记…………………………88
　　　5.1.5　明细账的登记……………………………93
　　　5.1.6　会计账簿的装订…………………………97
　5.2　对账和结账………………………………………97
　　　5.2.1　对账………………………………………98
　　　5.2.2　结账………………………………………103
　5.3　调账………………………………………………106
　　　5.3.1　产生错账的原因…………………………106
　　　5.3.2　错账查找的方法…………………………108
　　　5.3.3　错账的更正方法…………………………110

5.4　常见差错点拨 ·························· 113
　　5.4.1　会计摘要填写混乱 ················· 113
　　5.4.2　采用红色墨水记账错误 ············ 114
　　5.4.3　账簿其他常见错误 ················· 114
　5.5　小结 ································· 115

第6章　游刃有余——编制报表

　6.1　财务报表概述 ························ 118
　　6.1.1　财务报表的目标和作用 ············ 118
　　6.1.2　财务报表的组成和分类 ············ 119
　　6.1.3　财务报表的编制要求和准备 ········ 121
　6.2　资产负债表 ·························· 124
　　6.2.1　资产负债表的结构 ·················· 124
　　6.2.2　资产负债表的作用 ·················· 127
　　6.2.3　资产负债表的编制 ·················· 127
　6.3　利润表 ······························ 133
　　6.3.1　利润表的结构 ······················ 133
　　6.3.2　利润表的作用 ······················ 136
　　6.3.3　利润表的编制 ······················ 136
　6.4　现金流量表 ·························· 140
　　6.4.1　现金流量表的结构 ·················· 140
　　6.4.2　现金流量表的意义和作用 ············ 142
　　6.4.3　现金流量表的编制 ·················· 145
　6.5　其他财务报表 ························ 151
　　6.5.1　所有者权益增减变动表 ············· 151
　　6.5.2　财务报表附注 ······················ 154
　　6.5.3　其他常用企业内部报表 ············· 155
　　6.5.4　会计报表的装订 ···················· 162
　6.6　常见差错点拨 ·························· 162
　　6.6.1　资产负债表编制错误 ················ 162
　　6.6.2　利润表编制错误 ···················· 165
　　6.6.3　现金流量表编制错误 ················ 169
　　6.6.4　财务报表勾稽关系 ·················· 172
　6.7　小结 ································· 174

第7章 完工交验——报税

- 7.1 企业应纳税的种类 ············ 176
  - 7.1.1 国税应交的税种 ············ 176
  - 7.1.2 地税应交的税种 ············ 177
- 7.2 发票的管理 ················ 177
  - 7.2.1 发票的领购 ·············· 178
  - 7.2.2 发票的填开 ·············· 180
  - 7.2.3 发票的管理 ·············· 182
- 7.3 纳税申报这样做 ············· 183
  - 7.3.1 纳税申报前的准备 ··········· 183
  - 7.3.2 纳税申报的对象和期限 ········ 189
  - 7.3.3 纳税申报的内容 ············ 190
  - 7.3.4 一般纳税人申报表的具体填列 ····· 193
  - 7.3.5 纳税申报的方法 ············ 218
  - 7.3.6 网上申报的具体操作 ········· 219
- 7.4 其他涉税事项 ·············· 223
  - 7.4.1 如何办理纳税担保 ··········· 223
  - 7.4.2 发生纳税争议如何办理 ········ 224
  - 7.4.3 税务代理要怎样操作 ········· 225
  - 7.4.4 工商年检有哪些步骤 ········· 226
  - 7.4.5 如何办理减免税及出口退税 ······ 227
  - 7.4.6 企业往年补亏退税要怎样处理 ···· 229
- 7.5 常见问题点拨 ·············· 230
  - 常见涉税问题解答 ············· 230
- 7.6 小结 ···················· 234

第8章 拾遗补漏——企业涉及的其他会计事项

- 8.1 会计信息系统知识 ············ 237
  - 8.1.1 什么是会计信息系统 ········· 237
  - 8.1.2 会计信息系统和手工会计操作的区别 ··· 238
  - 8.1.3 常用会计软件 ············· 240
- 8.2 小结 ···················· 242

第1章 职场人生
——会计

社会、经济的不断飞速发展，使得会计已经发展成为一门商务语言，不管是求职或是创业，了解一定的会计知识都将给个人职业道路的发展带来巨大的帮助。会计也是一个诱人的行业，稳定的收入、较好的发展前景、令人羡慕的白领……正因如此，已有越来越多的人加入到会计这个行业，本章将带领读者进行初步探悉，进入到会计的职场中来。

1.1 会计从业前景分析

在现实生活中，会计的工作到底是怎样的？会计人员的就业形势又如何？面对众多的会计从业者，要怎样从中脱颖而出，成为会计职场的"杜拉拉"呢？

1.1.1 会计的初步了解

会计与我们的生活密切相关：家里每个月有多少进账、又有多少的生活开支……都很自然得和会计有着联系。一个企业也就好比一个家庭，发生经济业务就会涉及钱进钱出。在生产活动中，企业到底有多少的劳动成果，又有多少的劳动耗费，这就需要会计对此进行计算。可以看出，会计产生于人们对经济活动管理的需要，也随着加强经济管理的要求不断发展，它与经济活动是密切相关的。

会计是以货币为主要计量单位，反映和监督一个单位经济活动的一种经济管理工作。会计是一个信息系统，它以凭证为依据，利用专门的技术方法，将企业的经济活动数字化、信息化，向企业内外部各方提供有价值的数据和信息。

简单的理解，会计就是把生产活动中发生的经济业务用数字的形式表达出来，告诉管理者或经营者亏了还是赚了，让管理者或经营者通过这些信息了解企业以前的业绩，发现存在的问题，预测未来发展的一个信息系统。

会计按其提供报告的对象不同，可以分为财务会计和管理会计。

我们通常所说的记账、算账和报账，用会计专业术语来讲就是财务会计。财务会计侧重于对过去已经发生的经济业务进行反馈，利用传统的会计方法对外提供信息，因此也叫做事后会计；与之对应的是管理会计，它的主要任务是根据财务会计所提供的经济信息，借用数学和计算机等工具，进行信息数据的整理、计算和分析，以满足企业内部管理的预测、决策、计划和控制等方面的需要，这也叫做事前会计。

会计利用数字化信息为企业的发展导航，它已成为企业经济管理中的重要组成部分，并随着经济的发展占据越来越重要的地位。

1.1.2 会计目前的生存状况

会计是经济管理工作的基础，不管多小的企业，都需要会计，而且随着社会经济的发展和财务管理的规范化，社会上各种企事业单位对会计的需求更是大大增加，会计已成为各行业中的一个热门专业，其社会地位和收入也会不断地提高，其就业范围相当可观。

随着会计行业的竞争日益激烈，会计人的生存状况出现了喜忧参半的景象。一方面，我国持证会计总体供大于求，普通和初级会计人员趋近饱和；另一方面这个市场存在一些空白急需高级会计人员来填补。从长远来看，会计的就业平台的发展空间还是非常广阔的。

在近段时间的就业调查中，高级财会人员一直是企业的紧缺人才，财务总监被受访企业列为最急需的六大财会人才之一。很多知名企业的CEO（执行总裁）都是由CFO（首席财务官）晋升而来。CFO具有的会计职业背景，在成本控制及企业内部整合上的出色能力使很多企业董事会在危急关头换帅时都会把CFO推向第一线，充当"救火队员"，CFO接任CEO在管理上已经形成一种趋势。财务高管在未来的人才市场上将成为企业争相抢夺的主力军。

1.1.3 怎样成为复合型会计人才

会计的职业之路充满了机遇和挑战，需要付出努力和敢于拼搏，职业的起点可以是从某个企业或某个会计师事务所的基层财务人员开始，慢慢走向高层的经理甚至CFO，或者以财务专业为基础，逐步转向管理工作……

想要在众多的财务从业者中脱颖而出，成为行业中的佼佼者乃至财务高管或公司高层，需要做好以下几点。

- 做好基础的财务工作：期盼成为高级财务人员，基础的财务工作是一个好的开始。
- 积累财务管理实务经验：会计讲究实践，在日常工作中是不会有书本上的会计题的，所有的信息都需要从工作中慢慢提炼，自己总结，作为"专业判断"的信息来源。准确的判断才能做出正确的投资决策。这也是本书后面讲究实战的动机。
- 学习软技能，培养个人魅力：要成为高层次的财务管理人员，仅拥有财务知识是远远不够的，必须在掌握财务知识的同时提升自己的个人魅力，包括：知识结构、良好的沟通方式、领导力等，这些将为你晋升提供一个良好的背景。
- 深入了解企业文化，提升整体管理经验：在达到一定的职业高度后想要更多的突破，除了上述以外，还要深入了解所在企业的文化，确保自己获得尽可能多的整体管理经验。

成功的路是漫长、充满艰辛的。在职业生涯中要有勇气接受新事务和挑战。挑战职场、挑战自己，有朝一日，你也能成为职场中的精英。

1.2 什么人适合做会计

行业和性格往往是很难定位的，没有所谓的"天生就是会计的人"。但会计和其他所有行业一样，有自己独特的性格特征和行业必备的职业素质和道德要求。

1.2.1 会计人员必备的素质有哪些

任何一个行业都要求从事人员应具备相应的素质，是否具备相应的工作素质也是各人在自己职业生涯中能否走向成功的主要因素。会计人员也不例外，同样需要具备相应的职业素质和道德要求。

- 良好的职业道德：在会计工作中，利益驱动、诚信与否是会计人员经常面临的问题。恪尽职守、遵纪守法、廉洁奉公、爱岗敬业，以实事求是、客观公正的道德准则处理会计事项，不做假账、不畏权势、不被利益所左右，才能成为合格的会计人员、企业的得力干将。

- 一定的职业判断能力：前面我们也已经提到了，在实际的会计工作中，不是简单地做题。"用数字说话"的同时需要会计工作者做出准确的职业判断。特别是新会计准则发布之后，更多的不是规定具体的会计处理法，而是给出某些判断的标准或原则，让会计人员做出选择和判断。

- 拥有较强的职业责任意识和创新意识：保守秘密、开拓创新是会计人员所应具有的最基本和必要的职业素质。如今经济的快速发展，金融全球化，要求会计人员不仅应具有良好的职业道德和专业技术水平，而且还必须具有责任意识，保守企业商业秘密。因为经济的不断发展，新的事物不断地出现，会计工作者也应与时俱进，不断更新自己的知识，扩大知识面，适应社会的发展。

1.2.2 会计人员的任职要求有哪些

会计作为一个专业性很强的职业，在任职要求上有比较严格的规定。

- 要具备从事会计工作的专业能力。《会计法》第三十八条第一款规定:"会计人员应当具备从事会计工作所需要的专业能力。担任单位会计机构负责人（会计主管人员）的，应当具备会计师以上专业技术职务资格或者从事会计工作三年以上经历。本法所称会计人员的范围由国务院财政部门规定。"持证者才能上岗。

- 应具备必要的专业知识、专业技能和良好的职业道德。《会计基础工作规范》第十四条规定:"会计人员应当具备必要的专业知识和专业技能，熟悉国家有关法律、法规、规章和国家统一会计制度，遵守职业道德。"这是对会计人员最基本的要求。

1.2.3 什么人不适合做会计

通过对周边会计朋友的接触，发现一个有趣的现象：从事会计的朋友，大多性格谨慎沉稳、细心有耐性，同时也具有很好的沟通能力，这或许跟会计的工作有关。也因为会计工作的特殊性，所以有些人是不适合做会计的。

- 运动型、坐不了板凳的人：会计工作大多是长时间面对数字，必须有清晰的条理，如果不能静下心来、坐几分钟板凳就受不了、运动型性格的人是不适合做会计的。
- 不会和别人相处、沟通的人：会计是一个既要与单位内部上下进行沟通，又需要面对税务、银行进行外部交流的工作，缺乏交际能力，不会和别人相处、沟通的人是不能做好会计工作的。
- 做事易冲动的人：会计工作是一项严肃的工作，需要会计人员认真对待，所以经常冲动、意气用事的人不适合做会计，会计工作需要有激情，但却不能常激动。
- 品德不端正的人：会计人员工作中常会面对利益的诱惑，如果面对巨大利益诱惑而不能自制的人最好远离会计工作。

读者可结合自身的实际情况，理性和科学地分析一下自己是否真正适合在会计领域发展，这样对自己的长期发展也会大有裨益。

1.3 会计成长的路线图

有人把会计的成长称为"从苦守寒窗到指点江山"，这句话带些趣味但也确实道出了会计成长的历程。从企业小会计做到财务总监，其中经历的不仅仅是时间，还需要付出不断的努力，踏踏实实地为目标而奋斗。

1.3.1 会计的职业规划

职业的规划对一个人的职业发展很重要，它相当于给自己指明了一条发展的方向，职业生涯有了既定的方向，这样才能朝着目标一步步接近。

每个人的职业生涯大致可以规划为三个大的阶段：成长、拓展、稳定。

（1）成长阶段 这是以选定职业方向为前提的，选定职业方向后，重点就成为了积累知识和经验。实践前学的都是理论知识，理论和实践是有区别的。特别是会计，理论会计题中的任何信息都不是现成的，需要自己在工作中学会信息的提炼。

这一阶段可以从填制和审核凭证等会计基础工作做起，全面、扎实地做好本职工作，并不断提高自己的专业水平，养成良好的学习、工作习惯，学会从工作中积累，培养自己的职业意识，这些都将为你的下一步发展提供巨大的帮助。

（2）拓展阶段　在成长阶段，基础工作已经基本熟悉，基本的职业素养也已养成，那么接下来就是学习软技能、培养自己的领导力了。

这一阶段，已经从普通会计转变到管理者的角色了，工作中不再是单纯的专业性事务，面对的会是越来越多的非财务的复杂问题。因此，财务知识已经远远不够发展所需，必须以财务为重点的同时提升自己的协调管理能力、领导能力等综合素质。

（3）稳定阶段　在稳定阶段，这时角色已经演变成了企业的高级管理层。作为财务总监，要全面管理和领导企业财务工作，为企业赢利提供理性的决策依据，对企业的财务工作承担主要责任。

在这一时期，一个优秀的高层，必须具备较高的综合管理能力和资源整合能力，这些都需要深入了解所在企业的文化，并结合自己的专业和能力所长，担负起企业决策者的角色。

要想走向职业金字塔的顶端，需要一个长期积累的过程。认清自己的知识结构，制订适合自己的职业规划，不管现在的起点在哪里，只要坚持，都将会拥有巨大的收获。

1.3.2　会计的职业资格考试

要在职场中获得成功，在激烈的竞争中保持竞争力，提高自身的专业素质是必不可少的。在会计行业中，通过不同职业层次的资格考试来提高竞争力和保持能力是一个非常重要的方法。

以下，我们对目前国内主要的财会资格考试做大致分析，希望对读者有所帮助。

（1）会计从业资格考试

会计从业资格证也称为上岗证，原本是进入会计行业的敲门砖。2017年11月4日，十二届全国人大常委会第三十次会议表决通过了关于修改会计法的决定，正式将"从事会计工作的人员，必须取得会计从业资格证书"的规定，改为"会计人员应当具备从事会计工作所需要的专业能力。"

这也就意味着，会计从业资格考试从此退出会计舞台。

（2）会计职业资格考试——初级

- 适合人群：具有高中以上学历，包括普通中专、成人中专、职业中专、技工学校合格毕业生。
- 考试科目：《经济法基础》《初级会计实务》两个科目。
- 报名考试时间：实行全国统一组织、统一考试时间。报名时间一般在考试年度上一年的10月中旬到11月底。考试时间一般为考试年度的5月的每三个周末。
- 考试费用：56元每科（各地不同，以北京为例）。
- 资格认定：考生必须在一个考试年度内通过全部考试科目。

（3）会计职业资格考试——中级

- 适合人群：对应相应的学历、从事会计工作满规定年限：取得大学专科学历，从事会计工作满五年；取得大学本科学历，从事会计工作满四年；取得双学士学位或研究生班毕业，从事会计工作满两年；取得硕士学位，从事会计工作满一年；取得博士学位。
- 考试科目：《财务管理》《经济法》《中级会计实务》三个科目。
- 报名考试时间：实行全国统一组织、统一考试时间。报名时间一般在考试年度当年的3月中旬到3月底。考试时间一般为考试年度的9月的第二个周末。

- 考试费用：56元每科（各地不同，以北京为例）。
- 资格认定：两年为一个周期，参加考试的人员必须在连续的两个考试年度内通过全部科目的考试。

（4）高级会计师

- 适合人群：高级会计师职务任职资格评审条件，各地具体规定有所不同，请查阅当地的报考条件。
- 考试科目：考试科目为《高级会计实务》。
- 报名考试时间：一般在5月中下旬至6月中旬报名，考试时间一般为9月初举行。
- 资格认定：参加考试并达到国家合格标准的人员，由全国会计考办核发高级会计师资格考试成绩合格证。

（5）注册会计师证书（CPA）

- 适合人群：具有专科以上学历或者具有会计或相关专业中级以上技术职称。
- 考试科目：考试划分为专业阶段考试和综合阶段考试。考生在通过专业阶段考试的全部科目后，才能参加综合阶段考试。
- 考试科目：专业阶段考试设有会计、审计、财务成本管理、公司战略与风险管理、经济法、税法6个科目；综合阶段考试设职业能力综合测试1个科目。
- 报名考试时间：国内报名时间一般在当年4月10～30日，考试时间一般安排在每年的10月。
- 资格认定：专业阶段考试的单科考试合格成绩五年内有效。对在连续五个年度考试中取得专业阶段考试全部科目考试合格成绩的考生，财政部考委会颁发注册会计师全国统一考试专业阶段考试合格证书。综合阶段考试科目应在取得注册会计师全国统一考试专业阶段考试合格证书后5个年度考试中完成。

财会行业的各类考试，多得让人目不暇接，面对众多的证书，要选择适合自己的，了解不同财会证书的适用对象及含金量，再根据个人自身的实际情况做出抉择。

1.4 部门中的工作伙伴

俗语说得好"一个好汉三个帮"，会计工作也需要群策群力。配备适量的会计人员、建立合理的会计岗位，有利于提高工作效率，促进会计工作的程序化和规范化。

1.4.1 会计岗位的设置

一个企业会计人员的配备数量与企业大小、业务多少、资产规模、经营管理要求以及采用的核算手段等有密切的关系。

《会计基础工作规范》第十二条"会计工作岗位，可以一人一岗、一人多岗或者一岗多人，但出纳人员不得兼管稽核、会计档案保管和收入、费用、债权债务账目的登记工作。"

企业中的会计机构组织设置基本可以参照《规范》中的第十一条："会计工作岗位一般可分为会计机构负责人或者会计主管人员、出纳、财产物资核算、工资核算、成本费用核算、财务成果核算、资金核算、往来结算、总账报表、稽核、档案管理等。开展会计电算化和管理会计的单位，可以根据需要设置相应工作岗位，也可以与其他工作岗位相结合。"示例如图1-1。

另外，除了部门内部的伙伴，在实际工作中会计人员会与社会其他部门的人交往：采购部门、生产车间、人事部门、财政、工商、税务、银行、保险……了解工作接触人群，并友好成功地与他们进行交流和沟通，将会有助于完成自己的工作任务。

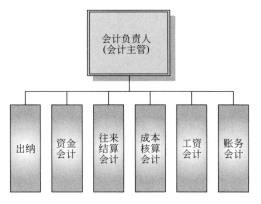

图 1-1　会计机构组织架构图

1.4.2　各岗位的工作内容是什么

会计机构中各个岗位都有明确的工作内容和职责权限，所有岗位各司其职、各尽其责，保证会计工作的有序进行。

(1) 出纳　该岗位主要负责办理货币资金的收支业务，建立银行存款日记账和现金日记账，并根据有关货币资金收付凭证逐日逐笔进行登记，保证日清月结。月末与银行进行核对，做好"银行存款余额调节表"。负责现金支票和转账支票的签发以及其他银行结算凭证的填制等。

(2) 资金会计　主要负责企业资金的管理和调度，编制资金收支计划，进行资金筹集的明细分类核算及企业各项投资的明细分类核算。

(3) 往来结算会计　该岗位负责企业与各方面的往来结算业务，也就是购进与销出所涉及的采购应付款和销售应收款等明细账，并根据有关凭证进行登记，定期与有关总分类账进行核对。

(4) 成本核算会计　负责成本管理基础工作，核算产品成本和期间费用，编制成本费用报表并进行分析，并协助管理在产品或产品以及对产品的清查盘点。

(5) 工资会计　该岗位平时负责工时、产量等资料的记录，职工考勤。负责工资的明细核算和分配核算，审核工资、资金的发放，计提应付福利费和工会经费等。

（6）账务会计 负责开设总分类账及部分明细分类账、登记总分类账，负责编制财务会计报表、管理会计凭证和会计报表，并对会计报表进行必要的财务分析。

1.4.3 会计人员的法律责任

从美国五大会计公司之一安达信的退出历史舞台，到日常新闻中屡见不鲜的会计人员犯法事件，都警示会计人员一定要"诚信为本、操守为重、遵守准则、不做假账"，真正了解自己的法律责任，特别是和自身利益密切相关的法律，这样，才能知法、懂法、不犯法并切实维护自己的合法权益。

2000年7月1日起实施的《中华人民共和国会计法》以明确的法律手段对会计工作的各个方面进行了规范。

（1）有下列行为之一的，由县级以上人民政府财政部门责令限期改正，可以对单位并处三千元以上五万元以下的罚款；对其直接负责的主管人员和其他直接责任人员，可以处二千元以上二万元以下的罚款；属于国家工作人员的，还应当由其所在单位或者有关单位依法给予行政处分：

- 不依法设置会计账簿的；
- 私设会计账簿的；
- 未按照规定填制、取得原始凭证或者填制、取得的原始凭证不符合规定的；
- 以未经审核的会计凭证为依据登记会计账簿或者登记会计账簿不符合规定的；
- 随意变更会计处理方法的；

- 向不同的会计资料使用者提供的财务会计报告编制依据不一致的；
- 未按照规定使用会计记录文字或者记账本位币的；
- 未按照规定保管会计资料，致使会计资料毁损、灭失的；
- 未按照规定建立并实施单位内部会计监督制度或者拒绝依法实施的监督或者不如实提供有关会计资料及有关情况的。

（2）伪造、变造会计凭证、会计账簿，编制虚假财务会计报告，隐匿或者故意销毁依法应当保存的会计凭证、会计账簿、财务会计报告，尚不构成犯罪的，由县级以上人民政府财政部门予以通报，可以对单位并处五千元以上十万元以下的罚款；对其直接负责的主管人员和其他直接责任人员，可以处三千元以上五万元以下的罚款；属于国家工作人员的，还应当由其所在单位或者有关单位依法给予撤职直至开除的行政处分；对其中的会计人员，并由县级以上人民政府财政部门吊销会计从业资格证书。构成犯罪的，依法追究刑事责任。

1.5 关于会计认识的误区

我们经常听到人们这样提起会计："那个财务张会计""管钱的那个李会计"，财务和会计、会计和出纳似乎在人们的眼中就是同一职务的不同称谓而已，其实这三者之间是存在区别的。

1.5.1 会计与出纳的区别

出纳一般负责直接与资金收付有关的事务，会计负责账务处理，也就是说出纳管钱，会计管账，两者的职责是不能兼容的。出纳和会计的主要区别在以下两点。

（1）出纳是一项账实兼管的工作，它在办理货币资金收支结算时，既要进行出纳账务处理，又要进行现金、银行存款及其他有价证券实物的管理；而其他会计人员则是管账不管物的，这一点是出纳和会计工作显著的区别。

（2）出纳工作直接参与经济活动过程。比如买材料支付货款，销售商品收取货款，这收与付都必须通过出纳工作来完成的；而其他会计工作只对经济活动进行反映和监督，而不直接参与其中。

1.5.2 会计和财务的区别

外行人士往往把财务和会计这两个概念混淆起来，其实，这两者之间在严格意义上是有区别的。主要区别有以下几点。

（1）职能作用不同 会计的基本职能是核算和监督，侧重于对资金的反映和监督，会计是价值信息系统。而财务的基本职能是预测、决策、计划和控制，侧重于对资金的组织、运用和管理，财务是资金投入收益活动，出纳就属于其中。

（2）时间范围不同 会计以过去的交易或事项为依据，是对过去的交易或事项进行确认和记录。而财务则是基于一定的假设条件，在对历史资料和现实状况进行分析以及对未来情况预测和判断的基础上，侧重对未来的预测和决策。

（3）影响的因素不同 企业选定的有关会计政策、会计估计，要符合国家政府财税部门对企业统一监管的需要。而财务管理主要是为了满足企业内部经营管理的需要，只要在符合法律的范围内，其灵活度比会计更强一些。

（4）两者的目标不同 会计的目标是为了真实、科学、准确、系统地对企业的经济活动进行反映，为企业的经营决策提供有用的信息和资料。而财务管理的目标则经历了三个阶段：筹资最大化、利润最大化和股东财富最大化。

财务和会计存在区别的同时又相互作用、相互影响，有着非常紧密的联系。正确理清它们之间的区别和联系，有利于区分工作责任，找出工作侧重点，更好地服务于工作。

1.5.3 会计不等同记账

很多非会计人士及企业老板对会计的理解就是记账，然后将记账资料上交税局或者其他部门；认为会计部门不能创造利润，只是一个费用消耗部门而已，因此对会计工作不重视，往往忽略会计工作的重要作用。会计工作内涵丰富，不单单是记账那么简单，企业经营管理的方方面面都牵涉到会计的工作。

（1）账务处理 这项最基本的工作包括原始凭证、记账凭证、登记总账与分类账、编制会计报表等一系列的账务处理工作。

（2）财务管理工作 从目前会计学术界对会计和财务管理的关系来看，存在着一种"大会计观"，它认为会计也包括了财务管理，具备管理职能。会计的财务管理工作越来越多地融入日常会计工作中。包括了企业资产与负债分析、企业成本与费用分析、企业资金流分析、企业投资筹资分析以及企业生产与资金管理等工作。

（3）企业审计工作 为保证会计信息质量，还涉及外部企业财务审计和企业内部财务审计。

1.6 小结

目前会计基层人员人数众多，想要在这一职场中站稳脚跟、脱颖而出必须展示出自己的能力：

1.专业技能必须要熟练。这里所说的专业技能除了书面会计及税法知识外还包括办公软件的熟练掌握、第二语言的灵活运用。坚持学习，了解新知识，掌握新技能，提升自我就业资本。

2.要对本身所在行业业务流程全面了解，具有较强的职场沟通能力。如果作为会计管理人员，还必须锻炼上下级之间的说服管理能力，学会对关键问题及时判断，掌握市场发展方向。

3.保持开放、积极健康、乐观年轻的心态，对自己的职业目标清晰，做好规划，持之以恒，走好职场路。

第2章　磨刀不误砍柴工
——必备的基础知识

学英语要掌握英语语法，学数学要掌握数学公式。会计也是一门学问，要把企业发生的所有经济业务都用标准的数字表现出来，不是一门轻松的活儿，这其中必然需要学习一些专业术语、名词概念……这些也就是本章将要讲述的内容，了解必备的基础知识，做个实战前的热身准备吧。

2.1 会计的基本概念

经过第 1 章的阅读，读者脑海里或许已经对"经济活动、反映、监督"等词汇不再陌生，本节将对这些概念从专业的角度进行表述，让读者有更深入的理解。

2.1.1 会计职能

会计的职能，就是说会计能发挥什么作用，它在经济管理过程中具有什么样的功能，会计的职能包括进行会计核算和实施会计监督两个方面。

【进行会计核算】进行会计核算是会计的最基本的职能，也叫做反映职能。是指会计以货币为主要计量单位，对特定主体的经济活动进行确认、计量、记录和报告，为有关各方提供会计信息。

会计核算把特定主体的经济活动分为了 4 个环节：

（1）确认　狭义的理解，是指一项业务的发生要不要进行会计处理、什么时候进行会计处理的问题。

（2）计量　确定会计确认中的交易或事项的金额的会计程序，解决记账金额的问题。

（3）记录　指对特定主体的经济活动采用一定的记账方法、在账簿中进行登记的会计程序。是确认怎么记的环节。

（4）报告　是指在确认、计量和记录的基础上，对特定主体的财务状况、经营成果和现金流量情况，以财务报表的形式向有关方面报告。是通过编制报表提供信息的环节。

【实施会计监督】会计监督也称会计控制，是对特定主体经济活动和相关会计核算的合法性、合理性进行审查。

（1）真实性审查 监督经济业务的真实性，以实际发生的交易或事项为依据确认、计量和报告。

（2）合法性审查 监督财务收支的合法性，所有经济业务要符合国家有关法律法规。

（3）合理性审查 监督经济业务发生的合理性，是否符合企业内部有关规定。

2.1.2　会计的对象

会计对象也就是会计行为的客体，指会计核算和监督的内容。前面讲过，会计是对特定主体的经济活动进行核算和监督，那么，会计的对象就是指一个企业或单位能够用货币表现的经济活动。

任何企业要从事生产经营活动，首先必须拥有一定数量的财产物资，这些财产物资的货币表现，就称之为经营资金，简称资金，所以，以货币表现的经济活动通常又称为资金运动。随着企业生产经营活动的不断进行，企业的资金也在不断地发生变化，如资金进入企业、资金在企业中的周转、资金退出企业，这些资金的运动概括成为会计的对象。

我们以工业企业为例，说明会计的具体对象，示例如图 2-1。

从图 2-1 可以看出，企业的资金循环和周转分为供应、生产、销售三个阶段。在供应过程中，企业要购买材料，支付运费、货款等；在生产过程中，产品生产会形成材料的消耗、固定资产的磨损、工人劳动耗费等；销售过程中，会发生销售产品、收回货款、交纳税金等业务活动；企业获得销售收入，形成利润后要向所有者分配利润。这一系列的资金循环运动构成了会计核算和监督的内容。

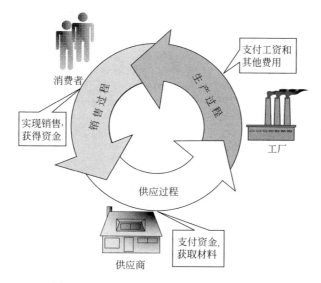

图 2-1　工业企业生产活动资金运动示意图

2.1.3　会计的基本假设

每个企业的规模、生命周期以及产品生产周期等各有不同，会计人员如何确定什么时间、用什么计量单位反映和监督，又该对哪些范围的经济活动进行反映和监督呢？

会计的基本假设也就是对上面所提出问题所做的一个合理设定，即会计核算的基本前提。会计假设包括会计主体、持续经营、会计分期和货币计量。

【会计主体】也称为会计实体，是会计服务的特定单位，它为会计的核算指定了空间活动范围，划定了会计所要处理的经济业务事项的范围。会计只对那些影响会计主体经济利益的经济业务事项进行确认和计量。

【持续经营】是指会计主体的经营活动在可以预见的将来，会按既定的目标持续不断地经营下去，而不会停业、破产或者大规模地消减业务。会计信息加工、处理方法的确定都是建立在持续经营的基础上的，只有设定企业是持续经营的，才能进行正常的会计处理。

【会计分期】它是对持续经营假设的补充，是指将一个企业持续的生产经营活动划分成为一个个连续的、长短相同的期间，也叫做会计期间。划分会计期间，才会有"这个月和上个月收入的差异"等这些不同期间的对比，出现收付实现制和权责发生制，也才能按期编制财务报告，及时地向各方提供有关企业财务状况、经营成果和现金流量的信息。

权责发生制是指在收入和费用应在实际发生时进行确认，而不是实际收到或支付现金时才确认。

会计分期的划分可以采用日历年度、营业周期。最常见的会计期间是一年，以一年确定的会计期间称为会计年度，按年度编制的财务会计报告也称为年报。我国的会计年度采用日历年度，自公历的1月1日起至12月31日止。

【货币计量】是指采用货币作为计量单位，记录和报告企业的生产经营活动。企业的经济活动方式多种多样，如采购材料用实物量度，核算工时用劳动时间等，那么会计是对企业经营活动全面的反应，就需要一个统一的计量单位，企业经济活动的最终体现为货币量，所以采用货币作为计量单位最为合适。

2.1.4 会计信息质量要求

会计是一个信息系统，它的主要作用就是向企业内外部各方提供有价值的数据和信息。那么会计所提供的信息应该满足会计信息质量要求，它概括为"八性"：可靠性、相关性、理解性、可比性、实质性、重要性、谨慎性和及时性。

- 可靠性：会计数据的取得、加工和处理必须真实、可靠、符合会计政策。

- 相关性：会计提供的会计信息，应该与使用者的经济决策相关，就是说要对决策有用、具有价值。
- 理解性：也叫明晰性，是指所提供的会计信息应当清晰明了。即会计信息的使用者要对这些信息能理解并使用。
- 可比性：指不同时期和空间的会计数据，可以做横向（如同行业）和纵向（同一行业不同时期）的比较。
- 实质性：指一项经济业务的发生，存在法律形式和经济实质两者不一致时，会计应当按照经济实质进行确认和计量、记录和报告。
- 重要性：指提供会计信息时对重要的交易事项就进行单独反映和详细核算，不得简略，而对于次要或对整体影响不大的交易或事项，核算时可以适当简化。
- 谨慎性：也叫做稳健性，指对经济业务进行确认和计量、记录和报告时，应当不高估资产和收益、低估负债或费用，保持应有的谨慎。
- 及时性：就是对发生的经济事项，按要求按时间进行确认计量和记录报告，不提前也不延后。

2.2 复式记账

前一节讲述会计的基本概念，好比会计的框架，相对来说较为抽象，这一节我们将更近距离地接触会计，使之具体化。

2.2.1 会计要素

会计要素也就是会计要核算的内容，是会计对象的具体化，是对会计核算和监督内容即资金运动进行的分类。会计要素共有六个：资产、负债、所有者权益、收入、费用、利润。

- 资产：简单来说可理解为企业的家当，它是指企业过去的交易或事项形成的、由企业拥有或者控制的、能在生产经营中给企业带来经济利益的资源。
- 负债：指企业过去的交易或者事项形成的预期会导致经济利益流出企业的现时义务。也就是企业因为过去已经发生的事项而造成现在存在的债务，并且需要将来某一时段来偿还的。
- 所有者权益：指企业资产扣除负债后由所有者享有的剩余权益。
- 收入：企业日常活动中形成的、会导致所有者权益增加、与所有者投入资本无关的经济利益的总流入。
- 费用：指企业日常活动中所发生的各项费用。
- 利润：是企业在一定会计期间的经营成果。

2.2.2 会计等式

会计要素在数量上存在着一定的平衡关系，它们之间可以用公式来联系，这就是会计等式。它是各种会计核算方法的理论基础。

会计要素的增减变动过程和结果都可以用公式表示。

（1）资产＝负债＋所有者权益

这是最基本的会计等式，任何经济业务的发生都不会破坏这一平衡关系，它是资金运动的静态表现，也是编制资产负债表的依据。

（2）收入－费用＝利润

上式称为会计第二等式，是资金运动的动态表现，也是编制利润表的依据。

2.2.3 会计科目

会计要素是对会计对象的分类,而对会计要素的进一步分类就形成了会计科目,它是按经济内容对资产、负债、所有者权益、收入、费用和利润进一步分类的类别名称,每一个会计科目都明确的反映一定的经济内容。

会计科目按其所反映的经济内容的不同,可分为资产类科目、负债类科目、所有者权益类科目、损益类科目和成本类科目五大类。会计科目按其提供信息的详细程度及其隶属关系,可分为总账科目和明细分类科目。企业会计科目的设置如表2-1所示。

会计科目也是复式记账和编制凭证的基础,复式记账是指每一笔经济业务的发生都要求同时在两个或两个以上相互联系的账户中,以相等的金额进行登记的记账方法,用以反映资金运动的来龙去脉。

2.2.4 会计的账户

会计账户是以会计科目为基础设置的,具有一定格式和结构,用于分类反映会计要素增减变动情况及其结果的载体,会计科目是账户的名称。

账户的基本结构应正确反映各要素的增减变动,其简略的结构一般由借方和贷方组成,形成一个"T"字形,示例如图2-2。

下面所讲的"借"与"贷",是会计中指示记账方向的基本符号,这二字已经失去了它们原有的字面意思,只是作为会计符号用来表明经济业务变动的方向。在对账户记录的试算平衡中,就是根据"资产=负债+所有者权益"及借贷记账法"有借必有贷,借贷必相等"的记账规则来进行的。

会计账户的分类与会计科目相同,在此不再赘述。

表 2-1　企业会计科目参照表

序号	科目名称	序号	科目名称
一、资产类		48	预收账款
1	库存现金	49	应付职工薪酬
2	银行存款	50	应交税费
3	其他货币资金	51	应付利息
4	交易性金融资产	52	应付股利
5	应收票据	53	其他应付款
6	应收账款	54	代理业务负债
7	预付账款	55	递延收益
8	应收股利	56	长期借款
9	应收利息	57	应付债券
10	其他应收款	58	长期应付款
11	坏账准备	59	未确认融资费用
12	代理业务资产	60	专项应付款
13	材料采购	61	预计负债
14	在途物资	62	递延所得税负债
15	原材料	三、共同类	
16	材料成本差异	63	货币兑换
17	库存商品	64	衍生工具
18	发出商品	65	套期工具
19	商品进销差价	66	被套期项目
20	委托加工物资	四、所有者权益	
21	周转材料	67	实收资本
22	存货跌价准备	68	资本公积
23	持有至到期投资	69	盈余公积
24	持有至到期投资减值准备	70	本年利润
25	可供出售金融资产	71	利润分配
26	长期股权投资	72	库存股
27	长期股权投资减值准备	五、成本类	
28	投资性房地产	73	生产成本
29	长期应收款	74	制造费用
30	未实现融资收益	75	劳务成本
31	固定资产	76	研发支出
32	累计折旧	六、损益类	
33	固定资产减值准备	77	主营业务收入
34	在建工程	78	其他业务收入
35	工程物资	79	汇兑损益
36	固定资产清理	80	公允价值变动损益
37	无形资产	81	投资收益
38	累计摊销	82	营业外收入
39	无形资产减值准备	83	主营业务成本
40	商誉	84	其他业务成本
41	长期待摊费用	85	税金及附加
42	递延所得税资产	86	销售费用
43	待处理财产损溢	87	管理费用
二、负债类		88	财务费用
44	短期借款	89	资产减值损失
45	交易性金融负债	90	营业外支出
46	应付票据	91	所得税费用
47	应付账款	92	以前年度损益调整

借方	账户名称	贷方
本期期初余额		本期期初余额
本期借方发生额		本期贷方发生额
本期期末余额		本期期末余额

图 2-2　账户基本结构（"T"字形账户）

2.2.5　会计的工作流程

会计工作流程就是会计人员由做凭证开始到编制会计报表这一过程，也叫会计循环。处理会计信息一般经过这样几个步骤：根据原始凭证做记账凭证—根据记账凭证登记明细账和总账—试算平衡—编制和报送财务报告—报税和纳税。

原始凭证的收集和整理是会计工作的第一项基本内容，它是记录企业日常经营活动最初的单据和凭证；完成第一项工作后，会计人员要根据原始凭证进行记账凭证的编制，也就是编制会计分录，手续齐全、审核完备的记账凭证才可以作为记账的依据；接下来即登记账簿或者过账，是指将记账凭证中的金额转抄到对应的账户中去，把分散的资料进行归类整理，这是会计工作的重要环节；进一步根据账户记录来进行试算平衡，以此考证账户记录是否正确，为编制会计报表提供数据基础；最后即是编制报表和报税，目的是向报表使用者（内外关系人）提供对他们决策有用的信息，进行完这步后一个完整的会计工作程序才得以完成。会计工作流程见图2-3。

俗话说"不打无准备的仗"，会计工作也一样，经过本章的学习，读者已初步掌握了会计人员在进行会计工作时必须具备的基础理论和应熟知的工作流程等知识，那么，就让我们继续向下一站进发吧。

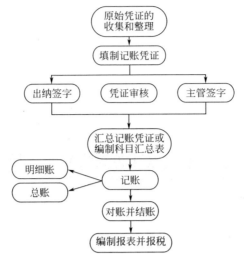

图 2-3　会计工作流程解析

2.3　小结

　　会计是一门必须进行实践的学问，在目前就业环境中，很多企业都要求会计人员需要具备一定的从业经验，为了使读者更真实的体验会计的实战氛围，笔者以深尔有限公司为背景，带领读者一起完成会计工作的各个步骤，让读者能有更真切的体验，早日进入工作状态。模拟企业概况如下。

　　公司名称：深尔有限公司

　　企业类型：生产型企业，主要生产电子产品，产品品种有A、B、C三种，主要销售国内各地。

　　企业性质：一般纳税人，增值税率16%，不享受企业优惠政策，所得税率25%。

　　企业账务处理程序：科目汇总表账务处理程序。

第3章 开门头件事
——建账

企业成立初始,会计所要面临的第一项工作就是建账。建账就是会计人员根据企业所在的行业和企业自身的经济业务情况,购置所需的账簿。建账也就好比是让会计凭证的数据有所归属,编制财务报表有所依据,在会计凭证和会计报表之间建一座好的桥梁。

3.1 建账注意事项

建筑桥梁要考虑周边环境、构造结构等问题,那么一个企业应该如何建账,在建账时又需要考虑哪些问题呢?

3.1.1 企业建账应注意的问题

企业的行业各种各样,无论是哪种企业,在建账时都需要首先考虑下述问题:

(1) 企业的规模 账簿数量的多少跟企业的规模、业务量的大小密切相关,如果企业规模大,那么经济业务量就大,会计所需要购买的账册也就多;反之,如果企业规模小,业务量就小,那么所需的账簿也就相应地减少了。

(2) 企业管理的需要 账簿的建立是为了企业管理需要而建立的,以满足企业管理需要为前提,才能为管理提供有用的会计信息。

(3) 企业应用的账务处理程序 账务处理程序有记账凭证账务处理程序、汇总记账凭证账务处理程序和科目汇总表账务处理程序,不同的账务处理程序所对应的账簿设置也不相同。

除了上述三项内容,企业建账还应该符合《中华人民共和国会计法》和国家会计制度的规定;同时考虑企业本身的会计人员数量、岗位设置和人员分工;经济业务的繁简程度以及核算形式、是否采用电算化会计核算等因素。使账簿的设置科学合理、简明实用,从而提高会计信息处理和利用的效率。

各个企业建账所需购买的账簿不同,但必须设置的账册有:现金日记账、银行存款日记账、总账和明细账。会计人员在确定本企业所应设置的账簿后，可连同记账凭证（通用记账凭证或者收款凭证、付款凭证、转账凭证）、记账凭证封面、装订工具及相关会计报表（损益表、资产负债表、现金流量表）一起购买，为企业建账做好准备工作。

3.1.2 建账时应取得的资料

会计人员在建账时应取得如下资料：企业章程、企业统一信用代码证、开户许可证、国地税报到单、验资报告等。其中验资报告并不是建账必须需要的资料。目前，注册公司不要求实缴入资，认缴方式即可，在规定时间内入资就可以了，但是，章程或者验资报告可以反映企业股东的出资方式，是以货币出资还是以实物等其他形式出资。如果注册资本发生变动、股东发生变动，应及时取得历次变动后的最新章程。需要补充的是股东以实物出资的，还需要获取相关部门对出资实物的评估报告。

企业统一信用代码及国地税报到通知单，可以帮助会计人员了解企业的税务性质，如企业是小规模纳税人或一般增值税纳税人、外商投资企业或是国内投资企业，从事哪一行业范围的经营活动等，为会计人员进行总账（税金科目、税费各类等）建账提供依据。

3.1.3 会计账簿

会计账簿，是由一定格式的账页组成的，根据会计凭证进行登记，用以全面、系统、连续地记录企业各项经济业务的簿记。也就是上述建账提到的账册。在学习如何建账前，我们先了解一下各种类账簿的格式和应用范围。账簿可以根据用途、账页格式和外形的不同进行分类。

（1）按用途分类有序时账簿、分类账簿和备查账簿。

- **序时账簿**：是按照会计部门收到凭证的先后顺序即凭证号的先后顺序进行逐日登记的，也称为日记账。它又可以分为普通日记账（记录全部经济业务）和特种日记账（登记某一类经济业务）两种，我国企业一般只设置现金日记账和银行存款日记账两种。示例如表 3-1。

表 3-1 现金日记账

现金日记账（三栏式）

第 20 页

会计科目及编号：库存现金
ACCOUNT NO：

19年YEAR		凭证VOUCHER/NO		摘要DESCRIPTION	对方科目	收入	支出	借或贷DR/CR	结余	√
月MTH	日DATE	字	号			十万千百十元角分	十万千百十元角分		十万千百十元角分	
11	1			期初结余				借	¥ 3 8 0 0 0	
11	2	收	01	收到小额货款	应收账款	1 0 0 0 0 0		借	¥ 4 8 0 0 0	
11	4	付	01	行政部张强报销办公用品款	管理费用		1 6 0 0 0	借	¥ 4 7 2 0 0	
11	6	收	02	深尔公司从银行提取现金	银行存款	2 0 0 0 0 0		借	¥ 6 7 2 0 0	
11	10	付	02	营销部人员报销差旅费	销售费用		1 0 0 0 0 0	借	¥ 5 7 2 0 0	
11				……				借		
11				……						
11	30			本月合计		9 3 2 9 2 0 0	9 5 6 4 0 0 0	借	¥ 1 5 3 2 0 0	

- **分类账簿**：是对全部经济按照会计科目而设置的分类账户进行登记的账簿。其中可分为总分类账：根据一级会计科目设置的，总括反映全部经济业务和资金状况的账簿；明细分类账：根据二级或明细科目设置的，详细记录某一类经济业务增减变化情况的账簿，它是对总账的补充和具体化，两者相辅相成，互为补充。明细账示例如表 3-2。

- **备查账簿**：它是对序时账簿和分类账簿等主要账簿的补充，因此也叫做辅助账簿。不是所有企业都需设置备查账。

(2) 按账页格式分类有两栏式、三栏式、多栏式和数量金额式四种。

- **两栏式账簿**：只有借方和贷方两个基本金额栏的账簿，日常工作中这种账簿很少用。

- 三栏式账簿：设有借方、贷方和余额三个基本栏目的账簿，如本节表3-1就是此类型账簿。
- 多栏式账簿：在账页上设置多栏，只记录金额的账簿，一般适用于费用、成本等明细账，如表3-2管理费用明细账。

表 3-2　管理费用明细账

管理费用明细分类账

第 12 页

19年 YEAR		凭证 VOUCHER/NO		摘　　要 DESCRIPTION	借　　方						贷方	余额	√
月 MTH	日 DATE	字	号		职工薪酬	办公费	差旅费	折旧费	……	合计			
11	4	付	01	行政部张强报销办公用品款		1600 00				1600 00			
11	11	付	03	行政人员外出买文具及差旅费		80 00	500 00			580 00			
11				……									
11				……									

- 数量金额式账簿：在账页借方、贷方和余额三个栏目内，部分设数量、单价和余额三小栏，借以反映财产物资的实物数量和价值量。原材料、库存产品、产成品等明细账一般都采用数量金额式账簿。读者可在后续第5章"手到擒来——账簿的登记"中将了解此类账簿的格式。

（3）按外表形式可分为订本式账簿（订本账）、活页式账簿（活页账）和卡片式账簿（卡片账）。

- 订本账：启用之前所有账页就已经固定装订，并进行了连续的编号。一般用于总账、现金和银行存款日记账。
- 活页账：是指账簿在启用前并没有固定装订，而是置于活页账夹内，会计人员可根据记账内容的多少来增减账页，各种明细账一般采用这种形式的账簿。
- 卡片账：它也是活页账的一种，但是它是将账户所需格式印刷在卡片上，并放置在卡片箱内的账簿。

3.2 各类账簿的建账原则

3.2.1 总账建账原则

总账是为总括反映企业资产、负债、所有者权益、费用、收入和利润等全部经济业务而开设的账簿。总账的建账原则主要有：

（1）总账的科目名称要与国家统一会计制度中规定的科目名称一致。企业应根据自身所在的行业及所涉及的经济业务内容进行总账的建立，其总账科目应从国家会计制度中所规定的会计科目中获取。

（2）总账的格式要与企业所采用的账务处理程序相适应。企业应根据自身所采用的账务处理程序，从总账目前存在的三栏式、多栏式（日记总账）、棋盘式和科目汇总表等格式中选取适合企业本身的总账格式。

（3）总账的外表一定要采用订本式。除科目汇总表总账可以采用活页式的外表形式以外，其他的总账都必须采用订本式账簿，这是为了保护总账记录的安全和完整，实行电算化的企业，审核打印后的账簿也必须装订成册，经由各相关人员签字盖章后妥善保管，避免账页的失散。

3.2.2 明细账建账原则

明细账提供会计信息形成的具体情况和有关线索，它是根据总账科目所属的明细科目设置，是分类登记某一经济业务的账簿。它的建账原则如下：

（1）明细账的科目可以根据统一会计制度和企业自身管理两者结合设置，对于会计制度有明确规定的，按规定设置明细科目，没有明确规定的，企业可按照会计制度中的设置方法和原则，按企业管理的需要设置明细科目来进行建账。

（2）明细账的格式可以根据所记录的经济业务及财产物资管理的需要来进行选择。如期间费用的记录采用多栏式明细账，财产物资采用数量金额式或者三栏式账簿。会计人员在进行明细账建账时应综合考虑，合理选择明细账格式。

（3）明细账可以按照记账人员的分工分别填列，也为了便于账页的重新排列和使用方便，所以大多采用活页式外表形式的账簿。但为了防止账页散失和抽换，使用时要按顺序编好号并妥善保管。

3.2.3 日记账的建账原则

现金日记账和银行存款日记账是每个企业必须设置的账簿，它们的建账原则是：

（1）日记账的格式一般采用三栏式，通过借方、贷方和余额三栏来体现和监督现金、银行存款的每日收入、付出和结存情况。并在借贷两栏中设有"对方科目"栏，以便了解现金或银行存款的来源和去向。

（2）日记账的账簿外形必须采用订本式的，这在《会计基础工作规范》中有明确规定，其中第五十七条规定"现金日记账和银行存款日记账必须采用订本式账簿。不得用银行对账单或其他方法代替日记账"。

3.2.4 备查账的建账原则

备查账是一种辅助账簿，不是每个企业必需建立的，它是对日记账和分类账中未记载的会计事项加以补充说明的账簿。备查账的建账原则有：

（1）备查账的设置 根据统一会计制度和企业管理需要设置。

（2）备查账的格式 备查账的格式没有统一固定的标准，它与其他账簿之间也没有特别严密的账务勾稽关系，其格式由会计人员根据企业内部管理需要确定。

(3) 备查账的形式　备查账作为一种辅助账簿，应方便使用和查找资料，一般使用活页式账簿的外表形式，同时，在使用过程中也应按顺序编号并装订成册，避免账页丢失妥善保管。

3.3　不同行业的建账

面对不同的行业，会计人员建账所需购置的账册不一样，本节将以行业为分类为大家介绍工业企业、商业企业、服务行业应如何建账。

3.3.1　工业企业建账

工业企业是指专门从事产品的制造、加工、生产的企业，也可以称之为制造业。它的建账可以说是各个行业中最复杂、也最具有代表意义的，为什么这么说呢，在第2章学习会计的对象时，我们就有所了解（参照图2-1），工业企业的会计核算不但涉及采购、销售，还涉及产品的生产、成本的核算问题，懂得了工业企业的建账，对其他行业的建账也能迎刃而解了。企业建账的流程如图3-1所示。

图 3-1　建账流程

我们以深尔有限公司为例，来了解工业企业建账的过程。

【初始成立建账】

第一步：根据企业规模选择适用的《企业会计准则》《企业会计制度》或者《小企业会计制度》。

具体会计准则一般适用于股份有限公司，有些也适用于其他企业。而《企业会计制度》适用于除金融保险企业以外的所有符合条件的大、中型企业，《小企业会计制度》适用于经营规模较小的企业。

本书中"深尔有限公司"选用《企业会计制度》。

第二步：购买账簿。

（1）现金日记账和银行存款日记账　这是工业企业必须设置的账簿。企业一般只需买一本现金账，如果有外币的则另分设一本外币现金账；银行存款可根据各个银行账号各单独设立账本，如果业务较小的，可多个账号合用一本账册。深尔有限公司的现金业务不涉及外币，且企业只设有一个基本账户，因此购买现金、银行存款日记账各一本。

（2）总分类账　总分类账账页有100页和200页之分，企业可根据自身规模选择账簿，深尔有限公司因业务规模中等，故选择100页的账册用于登记总分类账。

（3）明细分类账　企业可根据自身管理的要求来设置，没有固定的要求。深尔有限公司根据业务设置了如下明细分类账：

应收账款（按客户名称设置）、其他应收款（按应收款项的部门或个人设置）、固定资产（按固定资产的类型设置）、短期借款（按借款的种类或对象设置）、原材料（按材料类别设置）及库存商品（按产品类别设置）、应付账款（按供应商名称设置）、其他应付款（按应付的内容设置）、应付职工薪酬（按应付部门设置）、应交税费（按税费种类设置）、生产成本、制造费用（按耗用项目设置）、主营业务收入和主营业务成本（按产品类别设置）、管理费用、销售费用、财务费用（按费用项目设置）、营业外收入、营业外支出、利润分配、实收资本（按投资者设置）、本年利润等。

第三步：选择会计科目

企业应根据自身业务量和管理的需要，从资产类、负债类、所有者权益类、成本类和损益类中选择出应设置的科目。深尔有限公司比较常用的会计科目选择如下。

- 资产类科目："库存现金""银行存款""原材料""库存商品""应收账款""其他应收款""固定资产""累计折旧"等。
- 负债类科目："短期借款""应付账款""应交税费""应付职工薪酬""其他应付款"等。
- 所有者权益类科目："实收资本"和"资本公积""盈余公积""本年利润""利润分配"等。
- 成本类科目："生产成本""制造费用"等。
- 损益类科目："主营业务收入""主营业务成本""其他业务收入""营业外收入""营业外支出""管理费用""财务费用""营业费用""所得税"等。

第四步：填制账簿内容。

(1) 扉页　也就是注明账簿启用和经管人员，格式如表3-3所示。

(2) 分类账的账户目录　总分类账是采用订本式的，每页右上角或者左上角已经事先印刷好了页码。但是一般每个单位只需合用一本总账，所以应给每个账户预留好页码，也就是做好账户目录，利于科目索引。明细账由于是采用活页式账页，在年底归档前可以根据需要增减账页，但是为了方便工作也可以如总账一样设置科目索引，示例如表3-4。

(3) 填写账页：

- 总账账页：把各类会计科目名称写在（或加盖科目章）账页的左上角或右上角的横线上即可。

表 3-3　账簿扉页格式

账簿启用和经管人员一览表

账簿名称：	现金日记账	单位名称：	深尔有限公司
账簿编号：	1	账簿册数：	第一册共一册
账簿页数：	100	启用日期：	2019 年 1 月 1 日
会计主管：	何某	记账人员：	郭某

移交日期			移交人		接管日期			接管人		会计主管	
年	月	日	姓名	签章	年	月	日	姓名	签章	姓名	签章

表 3-4　账户目录

账户目录（科目索引）

顺序号	科目名称	账页号	顺序号	科目名称	账页号	顺序号	科目名称	账页号
001	库存现金	01-05						
002	银行存款	06-10						
003	应收账款	11-20						
004	原材料	21-30						
005	库存商品	31-35						
006	其他应收款	36-40						
	……							
	……							
	……							

- 明细账账页：按使用的不同的账簿填写。明细账除原材料采用数量金额式、成本费用和收入明细账采用多栏式以外，其他一般都采用三栏式账簿。三栏式账簿账页填写与总账类似，但是应根据企业具体情况分别在账页总账科目下填写所设置的明细科目名称。而对于多栏式，如管理费用（见本章表 3-2）则按企业管理需要，将费用的分析项目列示在账页中。

【会计年度起始建账】

上面所述都是企业成立伊始时工业企业建账所需进行的工作流程。每一个会计年度开始，会计人员也需进行账簿的购置，这时的建账我们也可以称之为年度账簿更新。

一般来说，企业的总账、日记账和多数明细账每年需更换一次，即年初建账。但有些明细账也可以继续使用，如固定资产明细账、债权债务明细账等，因为业务量大，明细科目繁多，为了避免更换新账的大工作量，企业可以跨年度连续使用。

年初建账的方法和企业初始成立建账方法一致，但需多一步期初余额的登记，即为了衔接，将上年度账户的余额，转抄至新账户所开第一页的首行，会计术语称为"过账"。示例如表 3-5。

表 3-5　明细科目过账

应收账款（三栏式）

第 11 页

明细科目名称：仁兴公司

19年 YEAR		凭证字号 VOUCHER/NO	摘　　要 DESCRIPTION	对方科目	收　入	支　出	借或贷 DR/CR	结余	√
月 MTH	日 DATE				十万千百十元角分	十万千百十元角分		十万千百十元角分	
1	1		上年结转				借	▼5 8 8 8 0 0 0	

会计建账可以考查会计人员的业务能力以及对企业业务流程的熟悉程度，会建账建好账是会计人员必须掌握的一项基础工作。

3.3.2　商品流通企业建账

商品流通企业是指从事商品买卖业务的独立核算企业，包括商业、外贸、图书发行等企业。比如我们日常生活中接触最多的超市、书店等。商品流通企业的经济活动主要是商品流通领域中的购、销、存活动，对比生产企业、商业企业没有产品生产过程，它核算的主要内容在采购成本、销售成本及商品流通费用这几项中。

那么，商业企业的建账过程又是如何呢？相对来说，要比生产企业的简单一些,在会计科目的选择和账簿的设置上会与生产企业有些区别,但同样也适用于上述建账流程。

第一步:选择合适的企业制度,商业企业同样适用《企业会计准则》。

第二步:购置账簿,商业企业需设置的账簿有现金日记账、银行存款日记账、总分类账和明细分类账。

商业企业除了工业企业日常账簿外,还需要设置商品采购、商品进销差价和库存商品三个商业企业必备的总账账簿。同样其明细账的设置应增加商品采购(按客户名称设置)、商品进销差价(按商品品种、名称、存放地点等设置)明细账,还应该减少工业企业中的生产成本、制造费用的明细账设置,除此以外,其他账簿均与工业企业相同。

第三步:选择会计科目,同理于工业企业账簿的设置,商业企业需增加"商品采购""商品进销差价"科目,减少"生产成本""制造费用"科目。

第四步:填制账簿内容,可按照生产企业的账簿填制进行。

3.3.3 服务企业建账

服务企业就是我们日常所说的第三产业,是指那些对外提供劳务或服务的企业,它最重要的特点就是服务业不是销售产品,而是通过提供某种服务或者劳务赚取利润,所以我们叫此类行业的企业为服务业。包括:交通运输业、邮电通讯、文化体育、娱乐业、旅游业、仓储物流、中介代理、广告业等。它在会计核算上比较简单,从而账簿的设置也相对简单。

服务企业账簿的设置也需要有现金日记账、银行存款日记账、总分类账和明细分类账。对比工业企业和商业企业,服务业的总账科目相对较少,常设置的科目有"库存现金、银行存款、短期投资、应收账款、其他应收款、存货、长期投资、固定资产、累计折旧、无形资产、开办费、长期待摊费用、短期借款、应付账款、其他应付款、应付职工薪酬、应交税费、应付利润、实收资本（股本）、资本公积、盈余公积、未分配利润、本年利润、营业收入、营业成本、营业外收入、营业外支出、以前年度损益调整、所得税"等，其他建账流程与工业企业和商业企业基本类似，在些不再赘述。

3.4 应用财务软件应如何建账

利用财务软件进行会计工作就是会计电算化，账务处理软件系统是会计电算化的核心模块。一般的财务软件账务处理系统的组成部分由系统初始化、记账凭证输入、记账结账、账簿处理、报表处理等几个部分。对应手工会计的建账，在财务软件中称之为系统的初始化，即电算化建账。

电算化建账是财务软件使用中的一次性工作，在建账过程中设定的会计科目代码等参数在结束建账后是无法再进行修改的，为了保证软件系统以后的使用效率和质量，会计人员对于电算化建账一定要认真对待。

3.4.1 数据的收集

财务软件的建账可以从初始数据收集、初始化工作、数据录入、环境设定这几个方面来考虑。财务软件在正式使用之前，所有的会计科目名称、各科目的发生额和余额都未存在于软件中，电算化建账的第一步就是需要将这些数据进行收集整理。

系统化初始需要会计人员从手工账中收集各会计科目的名称、层次及各科目的余额和发生额。在会计年度中期进行电算化建账时，还需要收集各个科目的累计发生额和年初余额。注意收集的数据信息力求完整，如有明细科目的必须收集至最底层科目的余额、发生额，避免遗漏。举例如下：

【例 3-1】 深尔有限公司于 2019 年 12 月实行会计电算化，为便于初始化数据的录入，现对 11 月份会计终了时各科目余额收集整理，其中应付账款科目数据收集如表 3-6 所示。

表 3-6 初始化科目余额汇总表

初始化科目余额汇总表

编制单位：深尔有限公司　　　　　　　　余额截止日期：2019 年 11 月 30 日

总账科目名称	明细科目名称	年初余额		本年累计发生额		月末余额	
		借方	贷方	借方	贷方	借方	贷方
……							
……							
应付账款	新佳乐		36,738.00	328,068.00	303,030.00		11,700.00
	图丰		23,400.00	193,050.00	193,050.00		23,400.00
	海力		117,000.00	117,000.00			0.00
	裕丰		58,500.00	602,550.00	579,150.00		35,100.00
	奔力		46,800.00	491,400.00	514,800.00		70,200.00
……							
……							
……							
……							
合计							

会计主管：何某　　　　　　审核：伍某　　　　　　制表：周某

3.4.2 初始化工作

一般，账务软件中对于不同的行业已经根据财务制度的规定设定了一套总账科目，但建账时需要会计人员对这些科目进行选择，并添加各总账科目下的明细科目，建立适合企业自身的会计科目体系。完成科目设置后再将各科目余额录入系统，结束初始化工作。

【编码设置】

在软件系统广泛的运用代码，在电算化账务系统中也同样，各会计科目需要加入一个编码，会计科目编码用阿拉伯数字编制，采用分段组合编码，从左到右分成数段，每一固定位数表示不同层次的会计科目。

一般，一级会计科目的编号用四位数字表示，其中：第一位数字（即千位）表示会计科目的类别，其中1表示资产类，2表示负债类，3表示所有者权益类，4表示成本类，5为损益类；第二位数字（即百位）可以划分大类下面小类；剩余两码为流水号。

二级会计科目一般采用六位编码，其中前四位为一级科目的代码，后两位为流水号。

如深尔有限公司应付账款各明细科目编码如图3-2所示。

图3-2 科目编码示意图

在进行会计科目编码时，会计人员应注意：

- 总账科目的编码必须符合会计制度中的有关规定，明细科目可以在制度范围内依据本企业自身的管理要求设定。
- 代码与科目应该一一对应，一个代码只对应于一个会计科目，这样避免出现重复，利于系统接受。
- 为了提高工作的效率，会计科目编码应结合自身的管理需要和计算机的处理环境，越短越好。
- 会计科目体系的设定是初始化工作的一部分，一经设定，在账套启用后其代码结构是无法改变的。所以，会计人员在进行账套初始化时应充分考虑各方面的要求，根据企业的业务量来决定明细科目代码的长度，保持一定的可扩展性。

【数据录入】

在完成科目选择、明细科目设置、编码设置等工作后，下一步的工作就是数据的录入，数据录入工作分为两种情况：年度初始（一月份）启用账套的，只需输入上年年末余额即可；而如果是年中启用账套的，除了上年年末的余额以外，还需要输入启用年度年初余额和本年一月至启用账套月份各月的累计发生额，为会计报表的编制做准备。

数据的录入只需要按事先设置好的会计科目，将最底层明细科目的数据（年初余额、累计发生额）逐一录入，其他数据如上级科目的年初余额、累计发生额、期初余额会由软件系统自动汇总。输入完成后，选择软件的试算平衡功能，如果计算机检测无误，则代表各要素之间数据的对应关系正确。

【其他事项】

凭证类型的选择：在会计日常工作中，翻阅凭证查账是很经常性的一项工作，手工记账中经常把凭证分为收、付、转三类，便于凭证的管理和查账。但是，在财务软件中，查找凭证等工作是完全通过计算机来实现的，为了提高财务软件的处理速度，在进行凭证类型设置时最好只用一种格式，即通用记账凭证。只用一种凭证格式既可以提高软件查账速度，同时也能加快凭证的输入速度。

自动转账凭证的设置：会计工作于月末需要将具有对应关系科目之间的数据互转，如制造费用结转至生产成本，所有收入、费用和成本结转至本年利润，年末本年利润结转至利润分配等。手工做账中，这些结转工作需要会计人员按程序进行，而在财务软件中，这些工作是可以由计算机自动完成的，只需要在账套初始化时对"自动转账凭证"这一功能进行参数设置，将转出科目、转入科目以及汇总数据的性质（余额、发生额）设置好，则可以对转账工作轻松应对。

财务软件系统初始化是为后续电算化工作所做的铺垫，高质量的做好初始化工作能免去日后工作中的诸多小麻烦，也能最大限度的发挥财务软件的作用。

3.5 常见差错点拨

建账是企业设立、新的年度开始时会计工作跨出的第一步，在建账过程中，会计人员经常会出现一些错误，本小节中将针对一些情况做简要概述。

3.5.1 盲目建账

建账能考察出一个会计人员对本企业经营活动的熟知程度，也能看出会计人员的专业素质高低。在面临建账业务时，很多会计人员常常忽略建账时应注意的问题（详见本章 3.1.1 企业建账应注意的问题），产生以下错误：

（1）不考虑企业经济活动业务量 比如有的企业规模小，业务量少，所有的明细账可以合并登记在一本或者两本账册上，而会计人员则往往购上数本甚至数十本明细账册，造成浪费；相反，有的企业规模大，业务量大，而会计人员却只购买少量的账本，容易导致会计工作的延误，降低工作效率。

（2）没有依据企业管理的需要 如有些企业往来业务中涉及"应收票据"和"应付票据"等事项，那么会计人员则必须根据企业的内部管理需要和会计制度的规定设置备查账簿，对票据的到期等情况进行记录；又如，企业涉及代为其他单位保管财产物资的经济活动时，也需要按管理需要建立固定资产登记备查账、受托加工材料登记簿、代销商品登记簿等。如果会计人员未根据管理需要建立这些账册，将对会计的监督和反映工作产生影响。

（3）没有依据账务处理程序 企业账簿的设置是根据会计所采用的账务处理程序来进行的，假若企业采用科目汇总表账务处理程序那么所购的总账就需要是科目汇总表总账，如果企业采用的是记账凭证账务处理程序，那总账就要是可以按记账凭证进行序时登记的总账。会计人员如果在建账时没有考虑企业所采用的账务处理程序，则容易导致建账错误。

3.5.2　新设立企业建账出错

很多小型企业在新设立营业时，往往建账不全甚至未考虑建账。因为公司规模小，业务量少，老板最关注的就是资金流向的问题，所以，导致很多会计人员只设立一本现金账和一本银行存款账簿。这种建账方式是不对的，根据相关法律法规的要求，各个单位在建账时都需要设立总账、明细账、日记账及其他辅助账簿，以此对企业的经营业务进行全面、详尽的反映和监督。

3.5.3　年度更换账簿出错

在每个新的会计年度，会计人员都要进行新年度建账，为了清晰地反映各个会计年度企业的经营状况和财务成果等情况，一般都会将上一年度的账簿进行更新。上年度账户有余额的将余额结转至本年度新账簿对应的余额栏内。但是，并不是所有的账簿都需要进行年度更新，如固定资产明细账或者固定资产卡片则可以跨年度继续使用，保持财产物资记录的连续性。这一点，应是会计人员在新年度建账时应该加以注意的问题。

3.5.4　职工福利费单独建账

在以往的建账过程中，大多企业都未将企业职工的福利费设立单独的账册进行反映和核算。近期，国税函［2009］3号《关于企业工资薪金及职工福利费扣除问题的通知》中明确规定了"企业发生的职工福利费，应该单独设置账册，进行准确核算。没有单独设置账册准确核算的，税务机关应责令企业在规定的期限内进行改正。逾期仍未改正的，税务机关可对企业发生的职工福利费进行合理的核定。"这是税务部门加强对企业职工福利支出税前扣除管理的措施，也体现了职工福利费核算本身对纳税影响的重要性。

通知中虽然没有明确说明如何"单独设置账册"以及如何"准确核算"职工福利费等问题，但是清楚的是，企业必须对职工福利费的支出在专门的账册中进行设置，而不仅是简单的设置账户。企业对职工福利费的建账必须从职工福利费的支出计划、支出确认到原始凭证的审批和会计凭证的记载、复核，再到对职工福利费账户的记账都能真实、清晰、规范和准确的反映，便于企业自身纳税申报和税务部门日常监督和检查。

3.6 小结

会计建账前最好了解所在企业的生产经营及业务情况，会计科目不是以多为好，选择适合本企业的，设置较少的会计科目，能够反映企业经营业务就行。结合本企业主管税务部门的要求，选择会计与税法差异不大的核算方法建账，避免年度汇算清缴时纳税调整的工作量。

账簿的选择，总分类账、现金日记账和银行存款日记账一般是一个企业各一本，明细分类账簿并不要求每个科目设置一本明细账册，会计人员可以根据本企业的业务量多少来衡量，将多个明细科目合用一本账册，在账户目录上清楚列明即可。但是，明细分类账簿如果合并使用的话要注意与会计人员分工情况相结合，最好不同岗位所使用的明细分类账本分开设立。

第4章 小试身手
——编制凭证

经过前面会计理论知识的初步学习,读者已经掌握了大概的基础知识,从本章开始,我们将结合理论,以"深尔有限责任公司"为背景,列举该企业 2019 年 12 月的部分经济业务,逐步带领读者进入到真实的会计实战氛围。通过后续章节实例的学习,读者会发现自己已在不知不觉中掌握了这门学问,并且对会计知识也能进行得心应手的运用。迫不及待?那就开始吧。

4.1 会计凭证的种类及用途

企业在从事任何一项经济活动时都必须办理会计凭证。发生经济业务时，相关当事人或者从单位外部取得凭证，或者自行填制有关凭证，以书面的形式记录和证明所发生的经济业务。会计凭证的合法取得、正确填制和审核，是会计核算工作的起点，在经营管理中会计凭证也具有重要的作用。

4.1.1 会计凭证的作用

- 记录经济业务，提供记账依据：会计人员根据凭证记录的经济业务进行整理、分类及会计处理，提取会计信息。会计凭证是登记账簿的依据。
- 明确并加强经济责任：会计凭证在取得时，除了记录有相关业务内容外，每个经办人员或部门都必须进行签章，明确责任。
- 监督和控制经济活动：会计凭证填制后还要经过有关责任人在其职权范围内进行审核，通过审核，可以对经济业务是否合法、是否符合计划、是否铺张浪费等行为进行监督和控制。

4.1.2 会计凭证的种类

会计凭证多种多样，按照编制的程序和用途可以分为记账凭证和原始凭证两类，示例如表4-1、表4-2。

4.2 原始凭证的填制和审核

原始凭证也就是我们日常生活中所说的票据，读者可不要忽视了

表 4-1 记账凭证——通用记账凭证

记账凭证

2019年12月2日　　　　　　　　　　　　　凭证号001

单位名称：深尔有限公司　　　　　　　　　附单据1张

摘要	会计科目		借方金额	贷方金额	记账
	一级科目	明细科目			
库存现金存入银行	银行存款	建设银行	5000.00		
库存现金存入银行	库存现金			5000.00	
合计(大写)：	伍仟元整		￥5,000.00	￥5,000.00	

会计主管：何某　　记账：周某　　出纳：郭某　　审核：伍某　　制单：李某

表 4-2 原始凭证——增值税专用发票

增值税专用发票

发 票 联　　　　　　　NO:000001

开票日期：2019年11月20日

购货单位	名称	深尔有限公司	统一信用代码	91××××××××××××××											
	地址、电话	广州市白云区 81568132	开户银行及账号	建行白云支行 2350012351332173012											
货物或应税劳务名称	规格型号	数量单位	数量	单价	金额							税率(%)	税额		
					万	千	百	十	元	角	分		万千百十元角分		
塑胶原料	A	kg	2000	5	1	0	0	0	0	0	0	17%	1 7 0 0 0 0		
价税合计(大写)：壹万壹仟柒佰元整												￥	1 1 7 0 0 0 0		
备注															
销货单位	名称	新佳乐公司	统一信用代码	91××××××××××××××											
	地址、电话	深圳市福田区	开户银行及账号	建行福田支行 5320069132123567											

第二联：发票联 购货方记账凭证

它的作用，其实票据是一种数据记录，它记录了乃至与整个公司营运有关的费用情况。看上去像没有意义的一堆数据，但是经过会计人员的处理，它就能体现公司各方面的经营和运作。

4.2.1 原始凭证的内容

原始凭证是编制记账凭证的依据，是会计核算最基础的原始资料，它要做到载明内容清晰、经济责任明确，一般具备的基本内容有：原始凭证名称、填制原始凭证的日期、接受原始凭证的单位名称、经济业务内容（含数量、单价、金额等）、填制单位签章、有关人员签章、凭证附件等。示例如图4-1。

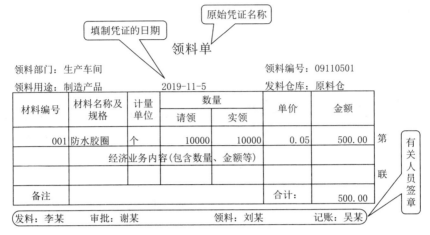

图4-1 原始凭证的内容

4.2.2 原始凭证的种类

原始凭证种类繁多，归其分类有如下几种。

(1) 按来源不同分为外来原始凭证和自制原始凭证。

- 外来原始凭证：显而易见，它来自本单位的外部，是经济业务发生或完成时，从其他单位或个人直接取得的原始凭证，如购买货物取得的增值税专用发票、对外单位支付款项时取得的收据、员工出差的车票、飞机票等。

【例4-1】2019年12月2日，深尔有限公司购买图丰厂原材料弹簧一批，已经验收入库，货款20000元及增值税金3200元暂未支付，从图丰厂获得增值税专用发票一张，如表4-3：外来原始凭证——增值税专用发票。

【例4-2】2019年12月10日，深尔有限公司转账支付上月欠新佳乐公司原料款11700元，取得新佳乐公司开出收款收据一张，如表4-4：外来原始凭证——收款收据。

表 4-3 外来原始凭证——增值税专用发票

增值税专用发票

开票日期：		发 票 联 2019年12月2日					NO:0000272		
购货单位	名称	深尔有限公司		统一信用代码		91××××××××××××××××			
	地址、电话	广州市白云区 81568132		开户银行及账号		建行白云支行 23500123513321730 12			
货物或应税劳务名称		规格型号	数量单位	数量	单价	金额 万千百十元角分	税率 (%)	税额 万千百十元角分	
弹簧			kg	4000	5	2 0 0 0 0 0 0	16%	3 2 0 0 0 0	
价税合计(大写)：贰万参仟贰佰元整							￥ 2 3 2 0 0 0 0		
备注									
销货单位	名称	图丰弹簧厂		统一信用代码		91××××××××××××××××			
	地址、电话	东莞东城		开户银行及账号		建行东莞东支行 272009601232350			

第二联：发票联 购货方记账凭证

表 4-4 外来原始凭证——收款收据

收款收据　　　　　　　　　　　　　　　NO：000302

今收到	深尔有限公司	
交　来	2019 年 11 月份货款	
人民币(大写)	壹万壹仟柒佰元整	￥11,700.00
收款单位	新佳乐公司	收款人　张某
(公章)	(签章)	2019 年 12 月 10 日

第二联：收据

- 自制原始凭证：它的来源是本单位内部，由单位内部经办业务的人员或者部门，在办理经济业务时填制，使用范围仅限公司内部的原始凭证，如收料单、领料单、借款单、折旧计算表等。

【例 4-3】 2019 年 12 月 1 日，营销部伍庆借出差费用 1000 元，写借款单一张。如表 4-5。

(2) 按填制手续及内容不同分为一次凭证、累计凭证、汇总凭证。

- 一次凭证：它只能记录和反映一笔经济业务，在填制时一次完成。比如：收据、领料单、收料单、银行结算凭证等。

表 4-5 自制原始凭证——借款单

借款单			
2019 年 12 月 1 日		借款单号：00001	
借款原因：	出差杭州会见客户		
借款金额(大写)	壹仟元整		￥1,000.00
预计还款日期：	2019 年 12 月 5 日	领款人签名：伍某	
会计主管：何某	部门批准：张某	出纳：郭某	借款人：伍某

【例 4-4】2019 年 12 月 1 日，深尔有限公司签发支票向银行提取备用金 3000 元。开具现金支票一张。一次原始凭证如表 4-6。

表 4-6 一次原始凭证——现金支票存根

中国建设银行

现金支票存根

支票号码：1234567

科目 _____

对方科目 _____

出票日期：2019 年 12 月 1 日

收款人：深尔有限公司
金额：3000 元
用途：备用金

单位主管：何某　　　会计：伍某

复核：李某　　　　　出纳：郭某

- 累计凭证：它用来记录一定时期内多次发生的同类型的经济业务。在一张累计凭证中可以连续登记相同性质的经济业务，随时结出累计数及结余，可对费用进行控制，期末按实际发生额记账。如限额领料单。

【例 4-5】2019 年 12 月 10 日，深尔有限公司生产车间本月上旬领用弹簧共 980kg，开具限额领料单一张。累计原始凭证见表 4-7。

- 汇总凭证：它是对一定时期内若干笔相同经济业务按一定标准的综合反映，起到了简化记账工作量的作用。常见的有：发出材料汇总表、工资结算汇总表、差旅费报销单等。

表 4-7 累计原始凭证——限额领料单

限额领料单

领料部门：生产车间　　　　　　　　　　　领料编号：9121001
领料用途：制造产品　　2019 年 12 月 10 日　发料仓库：原料仓

材料类别	材料编号	材料名称及规格	计量单位	领用限额	实际领用	单价	金额	备注
A		弹簧	kg	1000	980	5	4900.00	
供应部门负责人：谢某					生产部门负责人：刘某			
日期	领用				退料			限额结余
	请领数量	实发数量	发料人签章	领料人签章	退料数量	退料人签章	收料人签章	
12月3日	300	300	李某	刘某				
12月6日	500	480	李某	刘某				
12月9日	200	200	李某	刘某				
审核：谢某				记账：吴某			制单：李某	

【例 4-6】2019 年 12 月 8 日，行政部小王报销购买办公用品款，金额 500 元，填写报销单一张。汇总原始凭证见表 4-8。

表 4-8 汇总原始凭证——费用报销单

费用报销单

部门：行政部　　　　　　　　　2019-12-8

摘要	金额
购买办公用品一批	500.00
合计（大写）：伍佰元整	￥　　500.00
附单据张数　　2 张	领款人签章：王某

会计主管：何某　　部门审核：张某　　会计：周某　　出纳：郭某　　经手人：王某

（3）按照格式不同分为通用凭证和专用凭证。

- 通用凭证：它的格式统一、使用范围广泛（某一地区、某一行业或者是全国），并且指由相关部门统一印刷，如银行的转账结算凭证等。

【例 4-7】2019 年 12 月 13 日，收到仁兴公司汇入银行 11 月所欠货款 5000 元。银行电汇单一张。见表 4-9。

- 专用凭证：是仅限于本单位内部使用的原始凭证，如领料单、差旅费报销单、折旧计算表、工资费用分配表等。如本节中表 4-7、表 4-8 就属于此类原始凭证。

表 4-9 通用原始凭证——银行结算凭证

中国建设银行电划贷方补充报单第三联						报单号码 NO.	132913	
广州市 收报		2019 年 12 月 13 日				凭证提交号	13153	
发报行号	32131	汇出行行号	43425	收报行号	2335	汇入行号或行名	35453	此联送收款人代作账通知或取款凭据
付款人	账号或地址	浙江省台州市 784611471951094		收款人	账号或地址	广州市白云区 2350012351332173012		
	名称	仁兴公司			名称	深尔有限公司		
金额（大写）	伍仟元整			金额				
				￥	5,000.00			
事由：货款				应解汇款编号				
上列款项已代进账，如有错误，请持此联来行面洽。此致（开户单位）		银行（盖章） 年 月 日		上列款项已照收无误 证件名称： 证件号码： 年 月 日		科　目：（贷） 对方科目：（借） 解汇日期 年 月 日 复核　记账　出纳		

（4）按经济业务不同可分为款项收付凭证、出入库业务凭证、成本费用凭证、购销业务凭证、固定资产业务凭证、转账业务凭证。

- 款项收付凭证：用来记录现金和银行存款收付增减业务的原始凭证，如本节表 4-4、表 4-5。
- 出入库业务凭证：它是记录材料、产成品出入库等情况的原始凭证，如本节表 4-7。
- 成本费用凭证：产品生产费用的发生和分配情况都能用它来记录，这些凭证大部分也都是企业内部的自制凭证，如工资单、工资费用汇总表、产品成本计算表等。

【例 4-8】2019 年 12 月 10 日，深尔有限公司本月应付工资总额 100000 元，工资费用分配如下：产品生产人员 50000 元，车间管理人员 10000 元，行政管理人员 20000 元，销售人员 20000 元。当日以银行存款发放至工人工资卡中。编制工资费用汇总表一份，见表 4-10。

表 4-10　成本费用凭证——工资结算汇总表

工资结算汇总表

2019 年 12 月 10 日

人员	标准工资	事病假工资	奖金	津贴	应付工资	代扣款项	实发工资
生产人员	略	略	略	略	50000.00		50000.00
包括:A 产品					22500.00		22500.00
B 产品					17500.00		17500.00
C 产品					10000.00		10000.00
车间管理人员					10000.00		10000.00
管理部门					20000.00		20000.00
销售部门					20000.00		20000.00
合计					100000.00		100000.00

会计主管：何某　　人事审核：张某　　记账：周某　　制单：李某

- 购销业务凭证：用来记录材料物品采购或劳务供应、产品或劳务销售的原始凭证，如本节表 4-3。
- 固定资产业务凭证：记录固定资产购置、调拨、报废、盘盈和盘亏等业务的原始凭证。如固定资产验收单、固定资产移交清册等。

【例 4-9】2019 年 12 月 7 日，深尔公司购入海力设备厂一台不需要安装的机器设备，价款 50000 元，税款 8000 元，款项暂未支付。收到固定资产验收单一张，见表 4-11。

表 4-11　固定资产业务凭证——固定资产验收清单

固定资产验收清单

2019 年 12 月 7 日　　　　　　　　　　编号：091201

名称	规格型号	来源	数量	购价	使用年限	预计残值
机器设备		外购	1	50000.00		
安装费	月折旧率	建造单位		交工日期	附件	
验收部门	设备科	验收人员	李某	管理部门	设备科	管理人员	张某
备注						

会计记账：李某　　　　设备科审核：李某　　　　制单：刘某

- 转账业务凭证：是会计人员于会计期间终了，为了结平收入和支出等账户、计算结转成本，根据会计账簿记录整理制作的原始凭证，一般无固定格式，由制单人员和会计主管签章。

分清原始凭证的种类，并了解它们各自的用途，知道什么样的原始凭证代表哪类经济业务，或者企业所发生的经济业务需要哪些原始凭证作为依据，是会计人员必备的工作基础，这对下一步记账凭证的编制能起到很好的帮助。

4.2.3 原始凭证的填制

会计核算工作质量的保证是从保证原始凭证质量开始的，正确地填制原始凭证必须符合如下要求。

- 记录是客观真实的：原始凭证中所列示的一切内容和数字必须是真实可靠，符合实际情况的。
- 内容要完整：应该填写的项目必须逐项填列完全，不能省略或遗漏。日期要按实际填写原始凭证的日期填写；单位或人员名称都必须是全名，不得简化；品名或者用途也都要填写清楚；签章必须齐全。
- 手续要完备：企业自制的原始凭证，各相关人员或部门签章要齐全；对外或从外部取得的原始凭证必须要有本单位或填制单位的公章。
- 书写要清楚、规范：大小写金额必须相符，不得涂改、刮擦等，原始凭证出现错误的，应当由出具单位重开或者更正，更正处加盖出具单位印章，金额错误的不得更正，必须重开；原始凭证中书写的大写金额必须规范，不得使用未经国家认可的简化汉字，小写金额采用阿拉伯数字书写，不得连笔，且在金额前要紧挨着填写人民币符号"￥"，将所有金额具体到角分。

- 编号要连续：一式几联的凭证必须注明各联的用途，有编号的凭证必须连续，以便考查，如有作废，应加盖"作废"标记，妥善保存。

- 填制、传递要及时：发生经济业务时必须如实填制或取得原时凭证并及时送交会计机构，以保证会计核算工作的正常进行。

4.2.4　原始凭证的审核

读者还记得会计的监督职能吧，每一项会计工作都需要进行严格审核，以保证会计信息的真实、可靠和正确，如实反映经济业务的发生和完成情况。原始凭证也不例外，它的审核包括以下内容。

- 内容是否真实：原始凭证是会计信息的最初来源，它的质量对会计信息的质量有着至关重要的作用。会计人员在审核有关原始凭证时应当以国家统一的会计制度为依据，对凭证日期、业务内容、数据的真实性进行审查。

- 合法性、合理性审核：原始凭证所记录的经济业务是否有违法违规、是否履行了凭证传递和审核程序，所记录的经济业务符不符合企业生产经营需要，有没有贪污腐败等，会计人员都要进行认真的审核。

- 审核凭证是否正确和完整：经办人员是否按原始凭证填制要求填写正确，有没有漏填错填，金额大小是否一致等，如有差错，应退还经办人员进行更正。

- 原始凭证的及时性：及时性原则要求会计信息提供及时，而原始凭证的及时则是保证会计信息及时的基础。会计人员应要求经办人员在经济业务发生或完成时及时填制有关原始凭证并传递给会计部门。

会计人员对符合要求的原始凭证应及时编制记账凭证，对于内容不够完整或者填写错误的，退回给有关经办人员，更正后再重新办理会计手续。对于不真实、违法的原始凭证，会计人员应不予接受并向上级报告。

4.2.5 原始凭证的粘贴

原始凭证是经由企业各个部门汇集到会计或者财务部门用以进行账务处理的依据，其种类繁多，格式不一。在实际工作中经常会发现会计以外的部门人员拿一大堆杂乱的未经整理的票据来进行报销，这样，既容易造成票据的丢失又影响会计人员的正常工作。所以，在将原始凭证入账以前需要对它们进行粘贴处理，以方便保管和存放。

原始凭证粘贴的流程及细则如下。

- 粘贴流程：粘贴单——粘贴票据——粘贴报销单。
- 取一张干净的空白纸作为粘贴单，其长宽均应小于或等于报销单。
- 将报销票据的背面（不显示金额的一面）粘贴在粘贴单的上面，粘贴后的长宽应小于或等于报销单，否则，应将报销票据做适当折叠。
- 在粘贴定额票据（如：车票、餐饮票据等）时，应将相同金额的票据粘贴在一起。
- 票据粘贴应方向一致、金额显示清楚，单证牢固、平整、干净。
- 将填写完好的报销单的背面粘贴在粘贴单的上面，其左边、上边应分别对齐。

如果票据较少，在粘贴时也可以采用以下比较简易的办法。

- 使用范围：车票及附件合计少于10张（或者其他票据及附件

合计少于 5 张）。

- 将报销票据的正面（显示金额的一面）粘贴在报销单的背面，粘贴后的长宽应小于或等于报销单，否则，应将报销票据做适当折叠。
- 在粘贴定额票据（如：车票、餐饮票据等）时，应将相同金额的票据粘贴在一起。
- 票据粘贴应方向一致、金额显示清楚、单证牢固、平整、干净。

4.2.6 原始凭证处理要点

在前面"原始凭证的审核"小节中我们比较抽象的提供了审核的大的方向：真实、完整、正确等。在日常会计账务处理时还需要注意原始凭证处理的以下细节。

- 原始凭证必须具备的内容是否完备：名称、填制日期、填制单位和填制人名称、经办人员签章、接受凭证的单位名称、经济业务的内容、数量、单价和金额等。
- 外来原始凭证（比如发票、外单位收据等），必须有对方单位（填制单位）的财务专用印章或者发票专用印章，如果是发票的必须具有税务部门或有关财政部门的专用印章以及填制人员的签章。
- 自制原始凭证（企业内部入库单、领料单）必须有经办人员的签章及相关负责人的签章。
- 原始凭证除需保持大小写金额的一致外，如购买实物的原始凭证，还必须有仓库等相关部门的实物验收证明；支付款项的原始凭证，必须有收款单位的财务专用印章或公司印章，以及收款个人的签章。

- 一式几联的原始凭证，应当注明各联的用途，将各联递交相关部门，以一联作为报销凭证，各联次必须统一套写，保持一致。
- 企业内部人员因公借款的，必须将借款借据作为原始凭证附在记账凭证之后。借款被退还时，会计人员可另开收据或将借据副本交还借款人，原借款收据的正本不得退回。
- 经主管部门批复的经济业务，其文书应作为原始凭证入账。如果批复文件需要单独存档的，可在凭证上注明批准部门的名称、日期及文件编号。
- 原始凭证不可以外借，如因特殊原因必须使用原始凭证的，可以经相关领导批准，复制（复制时必须有财务人员在场）后在登记簿上登记，由提供人员和收取人员一起签章后提取。
- 原始凭证出现丢失情况的，应找原填制单位开出证明，写明丢失原始凭证的编号、金额和内容等，并加盖印章，经相关领导人审批后方可作为原始凭证入账；如没有途径取得证明的，可由当事人写明详细情况，申请领导人批准后代作原始凭证。
- 一张原始凭证涉及几张记账凭证的，可以将原件附在某张主要的记账凭证后面，其他记账凭证上则采用原始凭证复印件，并注明原件所在记账凭证的编号。
- 更正错误、调账的记账凭证可以不附原始凭证，但必须对所进行更改或者调整的原记账凭证编号进行注明，并对调整事项列示清楚。

4.3 记账凭证的填制和审核

清楚了原始凭证的种类和填制方法，那么接下来的工作就是编制记账凭证，它是登记账簿的依据。那么记账凭证又有哪些内容，会计人员应该怎样对它进行正确地填制和审核呢？

4.3.1 记账凭证的内容

目前所使用的会计凭证大都由印刷机构统一印制，虽然其格式各有不同，但是其具备的基本内容或要素都是一致的，这样才能满足记账的基本要求。作为记账凭证，其具备的基本内容有：记账凭证的名称、填制凭证的日期、记账凭证的编号、经济业务的内容摘要、经济业务所涉及的会计科目（包括总账和明细科目）和记账方向、金额、记账标记、所附原始凭证张数、相关人员（会计主管、记账、审核、出纳、制单人）的签名盖章。记账凭证的样式可参考本章第4.1节表4-1。

4.3.2 记账凭证的种类

（1）按所反映的经济内容不同，分为收款凭证、付款凭证和转账凭证。

- 收款凭证，用于记录现金和银行存款收款业务的凭证，根据有关现金和银行存款的原始凭证填制，现金日记账和银行存款日记账以此作为登账的依据。
- 付款凭证，是用来记录现金和银行存款付款业务的凭证。
- 转账凭证，用来记录不涉及现金和银行存款业务的会计凭证。

上述凭证的格式读者将会在本节"记账凭证的编制"中见到。

（2）按照填列方式的不同，可分为复式记账凭证、单式记账凭证和汇总记账凭证。单式记账凭证的使用范围较小，在会计工作中常用的是复式记账凭证和汇总记账凭证。

- 复式记账凭证：读者可以根据前面所讲的复式记账相对应的

联系起来，将每一笔经济业务所涉及的全部科目、发生额都在同一张记账凭证中反映，那么，这就是复式记账凭证。这种凭证在日常工作中是使用最多的一种凭证。

- 汇总记账凭证：是将同类的若干记账凭证定期加以汇总后填制的凭证，如按 3 天、5 天对收款凭证或者付款凭证进行汇总，编制汇总收款凭证、汇总付款凭证等。

4.3.3 记账凭证的填制

那么应该按照什么样的步骤，又怎样来编制记账凭证呢？收款凭证、付款凭证、转账凭证、通用凭证的填制大致相同。回到深尔企业的经济业务中，让我们一起来了解各种凭证的编制吧。

【收款凭证的编制】

首先，让我们一起想一想，收款凭证是登记什么样的业务的呢？对了，是记录现金或银行存款收款业务的。那么在本章第二节中，有哪些业务需要我们编制收款凭证呢？

接下来，分析所发生业务除了现金（银行存款）外还涉及哪些科目，这些科目属于哪一类会计要素，业务所发生的金额是多少。

最后，弄清楚上面两个步骤的内容后，我们就可以开始填写凭证啦。收款凭证是在凭证的左上角，"借方科目"应填写现金或者银行存款；"日期"为编写凭证的日期；右上角"收字号"按顺序连续编写，比如本月已经发生了三笔收现金（银行存款）业务，那么应填写"收字 3 号"；"附单据张"是用来记录本张凭证所附原始凭证张数的；"摘要"栏是对所发生的经济业务的简要说明；"贷方科目"填写与现金或银行存款相对应的会计科目；"记账"是进行登账时标记用，为了避免业务的重记或漏记；"金额"用于记录业务的发生额，注意大小写的一致；最后就是各相关人员的签章。

读者对收款凭证的编制了解没？那么，让我们一起来做吧。

【例 4-10】承【例 4-7】2019 年 12 月 13 日，收到仁兴公司汇入银行 11 月所欠货款 5000 元。

（1）**分析**　涉及科目"银行存款""应收账款"。

"应收账款"科目：核算企业因销售商品、产品、提供劳务等，应向购货单位或接受劳务单位收取的款项。未单独设置"预收账款"科目的企业，预收的款项也在本科目核算。资产类科目，发生应收账款时，按应收金额及代购单位垫付的包装费、运杂费等，借记本科目，收回货款或代垫费用时，贷记本科目。本科目期末借方余额，反映企业尚未收回的应收账款，期末若为贷方余额，反映企业预收的货款。

"银行存款"科目：指企业存入银行或其他金融机构的各种款项。属于资产类科目，增加时记借方，减少时记贷方，期末余额在借方。银行存款的收付应严格执行银行结算制度的规定。

（2）**账务处理**　借：银行存款——建设银行　5000
　　　　　　　　　　　贷：应收账款——仁兴公司 5000

记账凭证如表 4-12。

表 4-12　记账凭证

收款凭证

2019 年 12 月 13 日　　　　　　　　　　　　　　收字 1 号

借方科目：银行存款　　　　　　　　　　　　　　附单据 1 张

摘要	贷方科目		金额	记账
	一级科目	明细科目		
收到仁兴公司 11 月货款	应收账款	仁兴公司	5000	
合计（大写）：	伍仟元整		￥5,000.00	

会计主管：何某　　记账：周某　　审核：伍某　　出纳：郭某　　制单：李某

【付款凭证的编制】

付款凭证同收款凭证类似，只是注意，如果某一项业务同时涉

"现金"和"银行存款",为了避免重复记账,只编制付款凭证,不再编制收款凭证。比如,企业从银行提取现金,只编银行存款的付款凭证,如果是现金存入银行,则只编写现金的付款凭证。

我们也同样按如下步骤进行。

第一:找到相关的原始凭证;

第二:分析经济业务所涉及的科目、金额等;

第三:编制凭证。

【例 4-11】 承【例 4-2】2019 年 12 月 10 日,深尔有限公司转账支付上月欠新佳乐公司原料款 11700 元。

(1) 分析 业务涉及科目"应付账款""银行存款"。

"应付账款"科目:核算企业因购买材料、商品和接受劳务供应等而应付给供应单位的款项,反映企业应付账款的发生、偿还、转销等情况。属负债类科目,贷方登记购买材料、商品或劳务时发生的款项,借方登记偿还的应付款项、与开出商业汇票抵付的款项或者无法支付转销的金额,余额一般在贷方,表示企业尚未支付的账款余额。

(2) 账务处理 借:应付账款——新佳乐企业　11700
　　　　　　　　 贷:银行存款——建设银行　11700

记账凭证见表 4-13。

表 4-13　记账凭证

付款凭证

2019 年 12 月 10 日　　　　　　　　　　　　付字 3 号

贷方科目:银行存款(建设银行)　　　　　　　附单据 2 张

摘要	借方科目		金额	记账
	一级科目	明细科目		
支付新佳乐 11 月货款	应付账款	新佳乐企业	11700.00	
合计(大写):		壹万壹仟柒佰元整	¥ 11,700.00	

会计主管:何某　　记账:周某　　审核:伍某　　出纳:郭某　　制单:李某

【例 4-12】 承【例 4-3】2019 年 12 月 1 日，营销部伍庆借出差费用 1000 元，写借款单一张。

（1）分析 业务涉及科目"库存现金""其他应收款"。

"其他应收款"科目：核算企业除应收票据、应收账款、应收股息以外的其他各种应收、暂付款项，包括不设置"备用金"科目的企业拨出的备用金、应收的各种赔款、罚款，应向职工收取的各种垫付款等。资产类科目，发生应收款项时，借记本科目，收回款项时，贷记本科目，期末借方余额反映企业尚未收回的其他应收款。

"库存现金"科目：核算企业的库存现金，总括反映企业库存现金的收入、支出和结存的情况。企业对库存现金的支付和管理应当按照《现金管理暂行条例》严格执行。属于资产类科目，借方登记库存现金的增加，贷方登记库存现金的减少，期末余额在借方，反映实际存余的库存现金金额。

（2）账务处理 借：其他应收款——伍庆 1000

　　　　　　　　　　　　贷：库存现金 1000

记账凭证见表 4-14。

表 4-14　记账凭证

付款凭证

2019 年 12 月 1 日　　　　　　　　　　　付字 1 号

贷方科目：库存现金　　　　　　　　　　附单据 1 张

摘要	借方科目		金额	记账
	一级科目	明细科目		
营销部伍庆借出差费用	其他应收款	伍某	1000.00	
合计（大写）：	壹仟元整		￥1,000.00	

会计主管：何某　　记账：周某　　审核：伍某　　出纳：郭某　　制单：李某

【例 4-13】 承【例 4-4】2019 年 12 月 1 日，深尔有限公司签发支票向银行提取备用金 3000 元。

(1) 分析 本业务涉及"库存现金"和"银行存款"两个科目,只编制银行付款凭证。

(2) 账务处理 借:库存现金 3000

贷:银行存款——建设银行 3000

记账凭证见表4-15。

表4-15 记账凭证

付款凭证

2019年12月1日　　　　　　　　　　　　　付字2号

贷方科目:银行存款(建设银行)　　　　　　附单据1张

摘要	借方科目		金额	记账
	一级科目	明细科目		
提取备用金	库存现金		3000.00	
合计(大写):		叁仟元整	¥3,000.00	

会计主管:何某　记账:周某　审核:伍某　出纳:郭某　制单:李某

【例4-14】 承【例4-6】2019年12月8日,行政部小王报销购买办公用品款,金额500元,填写报销单一张。

(1) 分析 业务涉及科目"管理费用""库存现金"。

"管理费用"科目:管理费用是指企业为组织和管理生产经营活动而发生的各种管理费用,包括企业筹建期间的开办费、行政管理部门在经营管理中发生的公司经费(包括行政管理部门职工工资、修理费、折旧费、办公费、差旅费等)、诉讼费、业务招待费、房产税、车船使用税、土地使用税、印花税、技术转让费、矿产资源补偿费、研究费用、排污费以及企业生产车间(部门)和行政管理部门发生的固定资产修理费等。企业发生各项管理费用时借记本科目,期末转入"本年利润"时贷记本科目,期末结转后无余额。本科目应按管理费用的费用项目进行明细核算。

(2) 账务处理 借:管理费用——办公费 500

贷：库存现金　　500

记账凭证见表4-16。

表4-16　记账凭证

付款凭证

2019年12月8日　　　　　　　　　　　　　　付字4号

贷方科目：库存现金　　　　　　　　　　　　附单据1张

摘要	借方科目		金额	记账
	一级科目	明细科目		
购买办公用品	管理费用	办公费	500.00	
合计（大写）：		伍佰元整	￥500.00	

会计主管：何某　　记账：周某　　审核：伍某　　出纳：郭某　　制单：李某

【**转账凭证的编制**】

转账凭证和通用凭证的填制和收付款凭证的编制类似，只需要将业务所涉及的全部会计科目按先借后贷的顺序记入"会计科目"栏中，并对应的将借方科目的金额记入"借方金额"、贷方科目的金额记入"贷方科目"，其他均与收付款凭证填制方法相同。

同样，我们按照一查找、二分析、三填制的步骤来进行。

【**例4-15**】承【例4-1】2019年12月2日，深尔有限公司购买图丰厂原材料弹簧一批，已经验收入库，货款20000元及增值税金3200元暂未支付。

（**1**）**分析**　涉及科目"原材料""应交税费""应付账款"。

"原材料"科目：核算库存各种材料的收发与结存情况。在原材料按实际成本核算时，借方登记入库材料的实际成本，贷方登记发出材料的实际成本，期末余额在借方，反映企业库存材料的实际成本。

"应交税费"科目：反映各种税费的交纳情况，并按照应交税费项目进行明细核算。其核算的税费包括：增值税、消费税、城市维护建设税、资源税、所得税、土地增值税、房产税、车船使用税、土地使用税、教育费附加、矿产资源补偿费等。贷方反映应交纳的各种税费，借方登记实际交纳的税费，期末余额一般在贷方，反映企业尚未交纳的各种税费，如果在借方，则是企业多交或尚未抵扣的税费。

（2）账务处理　　借：原材料——弹簧　20000

　　　　　　　　　　　　应交税费——应交增值税（进项税）　3200

　　　　　　　　　　贷：应付账款——图丰厂　23200

记账凭证见表 4-17。

表 4-17　记账凭证

转账凭证

2019 年 12 月 2 日　　　　　　　　　　　　　　　　　　凭证号 1

单位名称：深尔有限公司　　　　　　　　　　　　　　　附单据 2 张

摘要	会计科目		借方金额	贷方金额	记账
	一级科目	明细科目			
购买图丰弹簧一批	原材料	弹簧	20000.00		
进项税金	应交税费	应交增值税（进项税）	3200.00		
应付未付款	应付账款	图丰厂		23200.00	
合计（大写）	贰万叁仟贰佰元整		23200.00	23200.00	

会计主管：何某　　记账：周某　　审核：伍某　　出纳：　　　　制单：李某

【例 4-16】 承【例 4-5】2019 年 12 月 10 日，深尔有限公司生产车间本月上旬领用弹簧共 980kg，金额合计 4900 元，开具限额领料单一张。

（1）分析　　涉及科目"生产成本""原材料"。

"生产成本"科目：核算企业进行工业性生产，包括各种产品（产成品、半成品等）、自制材料、自制工具、自制设备等所发生的各项生产费用。可按"基本生产成本"和"辅助生产成本"明细科目进行核算。企业发生各项生产费用时，借记本科目；月度终了，完成生产并验收入库时，贷记本科目；期末借方余额，反映企业尚未加工完成的在产品成本。

（2）账务处理　借：生产成本——基本生产成本（直接材料）4900

贷：原材料——弹簧　4900

记账凭证见表 4-18。

表 4-18　记账凭证

转账凭证

2019 年 12 月 10 日　　　　　　　　　　　　　凭证号 2

单位名称：深尔有限公司　　　　　　　　　　　附单据 1 张

摘要	会计科目		借方金额	贷方金额	记账
	一级科目	明细科目			
生产领用原材料	生产成本	基本生产成本（直接材料）	4900.00		
生产领用原材料	原材料	弹簧		4900.00	
合计（大写）：	肆仟玖佰元整		4900.00	4900.00	

会计主管：何某　记账：周某　审核：伍某　出纳：　　制单：李某

【例 4-17】 承【例 4-8】2019 年 12 月 10 日，深尔有限公司本月应付工资总额 100000 元，工资费用分配如下：产品生产人员 50000 元，车间管理人员 10000 元，行政管理人员 20000 元，销售人员 20000 元。当日以银行存款发放至工人工资卡中。

（1）分析　科目涉及"生产成本""制造费用""管理费用""销售费用""应付职工薪酬"。

"应付职工薪酬"科目：核算企业应付职工薪酬的提取、结算、使用等情况。分配计入各有关成本费用项目时贷记本科目，实际发放职工薪酬时借记本科目，期末贷方余额，反映企业应付未付的职工薪酬。

"销售费用"科目：销售费用是指企业在销售商品和材料、提供劳务过程中发生的各项费用，包括包装费、保险费、展览费和广告费，以及为销售本企业商品而专设的销售机构的职工薪酬、业务费、折旧费、固定资产修理费等。企业通过"销售费用"科目，核算销售费用的发生和结转情况。发生各项销售费用时借记本科目，贷方登记期末结转至"本年利润"科目的销售费用，结转后本科目期末无余额。本科目应按销售费用的费用项目进行明细核算。

"制造费用"科目：核算企业生产车间（部门）为生产产品和提供劳务而发生的各项间接费用，包括工资和福利费、折旧费、水电费、机物料消耗、季节性的停工损失等。企业发生各项制造费用时借记本科目，企业按成本核算办法分配计入有关成本核算对象时，贷记本科目，除季节性的生产性企业外，期末本科目无余额。

（2）账务处理 借：生产成本——基本生产成本（直接人工） 50000

制造费用——工资 10000

管理费用——工资 20000

销售费用——工资 20000

贷：应付职工薪酬——工资 100000

记账凭证见表4-19。

表 4-19 记账凭证

转账凭证

2019 年 12 月 10 日　　　　　　　　　　　　　凭证号 3

单位名称：深尔有限公司　　　　　　　　　　　附单据 1 张

摘要	会计科目		借方金额	贷方金额	记账
	一级科目	明细科目			
本月应付职工工资	生产成本	基本生产成本（直接人工）	50000.00		
本月应付职工工资	制造费用	工资	10000.00		
本月应付职工工资	管理费用	工资	20000.00		
本月应付职工工资	销售费用	工资	20000.00		
本月应付职工工资	应付职工薪酬	工资		100000.00	
合计（大写）：		壹拾万元整	100000.00	100000.00	

会计主管：何某　　记账：周某　　审核：伍某　　出纳：　　制单：李某

【例 4-18】 承【例 4-9】2019 年 12 月 7 日，深尔公司购入海力设备厂一台不需要安装的机器设备，价款 50000 元，税款 8000 元，款项暂未支付。

（1）分析 涉及科目"固定资产""应交税费""应付账款"。

"固定资产"科目：固定资产是指企业为生产产品、提供劳务、出租或经营管理而持有的、使用期限超过一个会计年度、单位价值较高的资产。该科目用于核算企业的固定资产原价。购入或增加时借记本科目，减少时贷记本科目，期末余额在借方，反映企业期末固定资产的账面原价。

（2）账务处理 借：固定资产　　50000

　　　　　　　　　　应交税费——应交增值税（进项税）　8000

　　　　　　　　贷：应付账款——海力设备厂　58000

记账凭证见表 4-20。

表 4-20　记账凭证

转账凭证

2019 年 12 月 7 日　　　　　　　　　　　　　　　凭证号 4

单位名称：深尔有限公司　　　　　　　　　　　　附单据 2 张

摘要	会计科目		借方金额	贷方金额	记账
	一级科目	明细科目			
购买机器设备	固定资产		50000.00		
进项税金	应交税费	应交增值税（进项税）	8000.00		
应付未付设备款	应付账款	海力设备厂		58000.00	
合计（大写）：	伍万捌仟元整		58000.00	58000.00	

会计主管：何某　　记账：周某　　审核：伍某　　出纳：　　制单：李某

记账凭证的编制是会计人员常练的基本功之一，熟知各会计科目的使用范围、如何应用，那么，在日常工作中对任何经济业务的凭证编制也就能得心应手、轻松应对了。

4.3.4 记账凭证的审核

同原始凭证一样,为了保证会计信息的质量,记账凭证编制好后在登记账簿前应由稽核人员进行审核,包括如下内容的审核。

- 凭证项目是否齐全:如日期、凭证号、所附单据张数、摘要、科目、金额及人员签名等。
- 内容的真实性审核:是否有原始凭证作为依据,原始凭证和记账凭证的内容是否一致,金额是否一致,如果有记账凭证汇总表的,其所记录的内容与其所依据的记账凭证内容、金额是否一致。
- 凭证中的会计科目使用是否正确,二级或明细科目是否齐全,账户对应关系是否清晰,金额有无错误等。
- 凭证中的书写是否正确:金额大小写是否书写正确、会计记录是否文字工整、数字清晰等。

在审核中如果发现记账凭证错误,应找明原因后进行重填或者按规定的方法进行更正,经审核无误后的记账凭证方可作为记账的依据。

4.4 凭证的传递、装订和保管

企业的业务每天都在发生,每天都有新的凭证产生,日积月累,凭证的数量是相当可观的。如果要对以往的业务进行查找,那不好比大海捞针?接下来,揭秘会计人员的妙招,看看他们是如何面对和处理这些堆积如山的凭证的。

4.4.1 会计凭证的传递

会计凭证从取得到归档这一过程,称之为会计凭证的传递过程,是在单位内部有关部门和人员之间的传送过程。正确有序的传递是会计核算正常、有效进行的前提。

对于会计凭证的传递,每个企业都会有不同的规定,它与企业本身的生产组织特点、经济业务的内容和管理要求相关,各个企业应根据自身的具体情况制定每一种凭证的传递程序和方法。

比如,深尔有限公司经营业务中会涉及的采购、生产、销售以及日常费用的发生等业务,那么对于采购中的收料单的传递应规定:材料由供应商送交企业后多久验收入库、谁负责验收、验收要填写什么凭证、这些凭证应该何时给到会计部门、会计部门又应该由谁负责审核、谁负责编凭证、登账、归档等。同样,生产中发生的如领料、入库等这些业务凭证又该如何传递?企业应该从能满足内部控制制度的要求出发,制定会计凭证的传递程序,尽可能地使凭证的传递科学有效,同时又能使时间减少,传递量减小。

4.4.2 会计凭证的装订

会计凭证的装订在会计来说可是一门有艺术的活,它结合体力和脑力,如何把零散的凭证整理得美观大方、又便于查找翻阅?根据以下步骤你也能做到。

(1) 装订前的整理

- 把零散的凭证进行分类(收款、付款和转账凭证分别装订)、排序。对于原始凭证和记账凭证大小不一的情况采取"大折小粘"的办法:即原始凭证面积大于记账凭证的,采取折叠的办法,注意把凭证的左上角或左侧面留出来,以便装订后展开查阅;对于原始凭证过小的,可以按顺序和类别用胶水粘在同记账凭证大小相等的白纸上再进行装订,对于原始凭证较多的情况,可以将原始凭证单独装订,但应在凭证封面注明所属记账凭证的日期、编号和种类,同时在所属记账凭证上注明"附件另订"及原始凭证的名称和编号等字样。

- 按凭证汇总日期进行归集,根据所有凭证的总数来确定装订成册的本数,可以按月份中的上、中、下旬归集,也可按每一册凭证的大概厚度(一般为1.5厘米)归集。

(2)装订 常见的方式用"三针引线法"和"角钉法",在此对最常用的"角钉法"进行简述。

- 将凭证封面和封底裁开,保持与记账凭证大小一致或略大于记账凭证的面积,分别附在凭证的前后两面,再将一张凭证封皮的四分之一(即封面或封皮的一半)放在封面左上角,用来做护角线。
- 在凭证的左上角画一个边长为4~5厘米的等腰三角形,在两个底角处用装订机打两个大小均匀的小孔。
- 将棉线用大针穿引过线孔,来回多次,将凭证角绑紧,固定好后将线结打在凭证背面或者钻孔处。
- 将护角向左上角折叠,并将护角一侧剪开至凭证左上角顶点处,然后分别将护角两边抹上胶水后将侧面及背面的线绳遮住粘牢。
- 填写凭证封面,并经各相关人员签字盖章。

装订凭证的程序如图4-2所示。

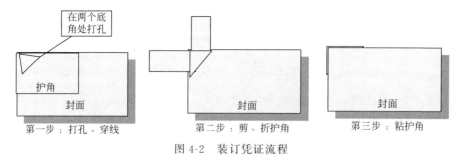

图4-2 装订凭证流程

凭证封面的格式如图 4-3 所示。

		深尔有限公司	
2019年11月第02册	收款	2009年11月共伍册第贰册	
	付款	凭证第35号至第70号共36张	
	转账	附：原始凭证共88张	
	会计主管：何某		保管：李某

图 4-3　凭证封面

4.4.3　会计凭证的保管

会计凭证装订成册后，应交由专门的人员进行保管。出纳人员不得兼管会计档案。会计年度终了时，会计凭证可暂由会计机构保管一年，期满后移交本企业档案机构保管，未设立档案机构的，应在会计机构内部指定专人保管。

已归档凭证的查阅、调用和复制均须得到批准和履行一定的手续。原始凭证不得外借，其他单位如有特殊原因确需使用的，可以经单位会计机构负责人批准后复制。

会计凭证的保管期限一般是 30 年，重要的需另长期保存，期满前不得任意销毁。

4.5　常见差错点拨

在进行凭证的编制时，会计人员往往会忽略一些小小的细节：如原始凭证的张数、大小写的金额及会计凭证的保管等，造成错误。这些错误应该是每个优秀的会计人员应该注意并防范的。

4.5.1　原始凭证附件张数的正确填写

对记账凭证所附的原始凭证张数应如何填写，可以分为以下不同情况：

- 可以对每项经济业务活动情况进行全面反映的原始凭证，应该按自然张数计算（原始凭证粘贴纸不算）。
- 若原始凭证需要附件进行补充说明才可以全面反映每笔经济业务活动情况的，可以在原始凭证上注明附件张数，将附件粘贴后作为原始凭证的附件，而不计为记账凭证中原始凭证张数。
- 对经过自行汇总的，已编制汇总封面对所附凭证的经济业务进行综合说明的，且已经在封面上对所附张数加以证明的，如差旅费报销单、支出汇总审批单等，可以将它们视为一张原始凭证进行记账凭证附件张数的填写。

4.5.2 填制原始凭证常见错误

在进行原始凭证的填制时，最常见的就是对支票等结算凭证的金额和日期填写错误，下面是正确的填写票据和结算凭证的基本规定。

- 大小写金额应该保持一致，中文大写金额应用正楷或行书填写：壹、贰、叁、肆、伍、陆、柒、捌、玖、拾、佰、仟、万、亿、元、角、分、零、整等字样，不得用一、二、三、四、五、六、七、八、九、十、毛等填写，也不得自造简化字，如果金额数字使用繁体的：貳、陸、億、萬、圓的，也应当予以办理。
- 中文大写金额为元的，应在元之后加上"整"字，如果是具体到"角""分"的，可以不用写整。如12300.00的金额大写应为壹万贰仟叁佰元整；12300.20的金额大写应为壹万贰仟叁佰元贰角；12300.21的金额大写为壹万贰仟叁佰元贰角壹分。
- 中文大写金额数字前应标明"人民币"字样，且大写数字金额与应"人民币"字样紧挨着填写，未标明"人民币"字样的，应手写加填上去。

- 小写数字中出现一个"0"或多个"0"时，中文大写按汉语的规律填写。小写数字中间一个"0"的，中文大写要写"零"字，如1309.00应写成壹仟叁佰零玖元；小写数字中间有两个或多个连续的"0"时，中文大写可只写一个"零"，如10005.12应写成壹万零伍元壹角贰分；小写数字万位或元位，或者数字中间连续有几个"0"，万位、元位也是"0"，但千位、角位不是"0"时，中文大写金额中可以只写一个零字，也可以不写"零"字。如110000.12应写为壹拾壹万元壹角贰分或者写为壹拾壹万元零壹角贰分；小写数字角位是"0"，而分位不是"0"时，中文大写金额"元"后面应写"零"字。如123.01应写为壹佰贰拾叁元零壹分。
- 阿拉伯小写数字前面应填写人民币符号"￥"，数字应保持清晰，不得连写。
- 支票等结算票据的出票日期必须使用中文大写，如果使用小写的，银行将不予受理。大写日期应按规定填写，为防止变造票据的出票日期，在填写月、日时，月为壹、贰和壹拾的，日为壹至玖和壹拾、贰拾和叁拾的，应在其前加"零"；日为拾壹至拾玖的，应在其前加"壹"。如2月13日，应写成零贰月壹拾叁日。再如10月10日，应写成零壹拾月零壹拾日。

4.5.3 填制记账凭证常见错误

在会计人员日常工作中常常会因为以下错误导致记账凭证出现差错：

记账凭证"摘要"栏填写错误或不完整。会计是一项严谨的工作，但难免出现部分会计人员工作不认真，偷工减料胡乱涂画，在填写记账凭证的摘要时，要么过于简单，不能反映出经济业务活动的详细情况；要么词不达意，导致摘要不能准确的反映所记录的经济业务；要么表达过于繁琐，不能利用摘要言简意赅的特点。

"会计科目"运用错误。如将借贷方会计科目的对应关系弄错、错误运用有关会计科目、混淆各明细科目所包含的业务内容等。

"凭证编号"漏记或错记。日常工作中经常出现对某一项经济业务需要编制两份或两份以上的记账凭证，此时，对记账凭证编号时就应当采用分数的形式，分母表示这项经济业务共编制凭证多少张，分子表示此份记账凭证为第几张。如对一项经济业务编制了三张记账凭证，则编号应依次为 1/3、2/3、3/3；会计人员编制的记账凭证都应按顺序进行排队编号，不得打乱顺序，或错误编号。

"附件张数"记录错误。记账凭证所附的原始凭证张数与内容不符，或者所附多张原始凭证的金额合计与记账凭证金额合计不等。

"金额"填写错误。记账凭证的金额填写与原始凭证大小写金额书写一致，在此不再赘述。

"签章"遗漏或错误。记账凭证所涉及的相关人员：记账、审核、出纳、会计主管等人员未加盖有关印章，或者签名不全等。

4.5.4 会计凭证保管不当

会计凭证的保管完善与安全是会计人员的职责所在，在将会计凭证按期装订成册后应交由财务档案管理部门进行保管，在保管过程中要避免损坏、污染、虫蛀等情况，并按照规定对保管期满的会计凭证进行销毁。

对各种不同的会计档案应该按照《会计档案管理办法》有关规定执行。

- 第十四条 会计档案的保管期限分为永久、定期两类。定期保管期限一般分为 10 年和 30 年。会计档案的保管期限，从会计年度终了后的第一天算起。

- 第十五条 本办法规定的会计档案保管期限为最低保管期限，各类会计档案的保管期限原则上应当按照本办法附表执行，本办法规定的会计档案保管期限为最低保管期限。单位会计档案的具体名称如有同本办法附表所列档案名称不相符的，应当比照类似档案的保管期限办理。

企业和其他组织会计档案保管期限表如表 4-21。

表 4-21 企业和其他组织会计档案保管期限表

序号	档案名称	保管期限	备注
一	**会计凭证**		
1	原始凭证	30 年	
2	记账凭证	30 年	
二	**会计账簿**		
3	总账	30 年	
4	明细账	30 年	
5	日记账	30 年	
6	固定资产卡片		固定资产报废清理后保管 5 年
7	其他辅助性账簿	30 年	
三	**财务会计报告**		
8	月度、季度、半年度财务会计报告	10 年	
9	年度财务会计报告	永久	
四	**其他会计资料**		
10	银行存款余额调节表	10 年	
11	银行对账单	10 年	
12	纳税申报表	10 年	
13	会计档案移交清册	30 年	
14	会计档案保管清册	永久	
15	会计档案销毁清册	永久	
16	会计档案鉴定意见书	永久	

对于保管期满的会计档案，会计人员可以根据《会计档案管理办法》第十八条规定执行。

- 单位档案管理机构编制会计档案销毁清册，列明拟销毁会计档案的名称、卷号、册数、起止年度、档案编号、应保管期限、已保管期限和销毁时间等内容。
- 单位负责人、档案管理机构负责人、会计管理机构负责人、档案管理机构经办人、会计管理机构经办人在会计档案销毁清册上签署意见。

- 单位档案管理机构负责组织会计档案销毁工作，并与会计管理机构共同派员监销。监销人在会计档案销毁前，应当按照会计档案销毁清册所列内容进行清点核对；在会计档案销毁后，应当在会计档案销毁清册上签名或盖章。
- 电子会计档案的销毁还应当符合国家有关电子档案的规定，并由单位档案管理机构、会计管理机构和信息系统管理机构共同派员监销。

4.6 小结

"千里之行始于足下"，凭证的编制是会计最基础的工作。所学即所用，如何把所学到的基础知识进行运用，最直接的体现就在会计凭证的编制上，扎实的专业知识是编制凭证的必要基本功。

"小票据、大秘密"，编制凭证不只是书写数据，在凭证的编制过程中，你会发现从采购材料到销售出库，企业的方方面面都能从这些凭证中体现出来。认真、踏实地对待凭证的编制这项工作，你会比别人更快地掌握企业整体经营的内在规律，这也将成为你向前迈进的强有力的推手。

在进行凭证的编制时，摘要尽可能填写详细，这样，在查账工作中只需通过凭证的记账摘要就能对所记录的经济业务一目了然，节省工作时间提高效率。对于电算化账务处理的企业来说，详尽的摘要也利于会计人员进行账务的查找。

第5章 手到擒来
——账簿的登记

经过第一步凭证的编制，现在我们已经进入到了会计日常工作的另一个阶段——账簿的登记。账簿的登记好比是会计人员进行一次有秩序、有方法的数字搬运，在编好凭证的基础上，手到擒来、毫不费力。

5.1 会计账簿的登记

账簿的登记是指会计人员以审核无误的会计凭证为依据,将凭证分散记录的业务信息连续、系统、完整地记录在账簿上的专门的会计方法。

5.1.1 会计账簿的意义

企业发生的经济业务数量繁多,会计人员对这些经济业务进行处理形成凭证后,也不利于从众多信息分散的凭证中得到系统性的数据,为了便于会计信息的处理与报告,全面、系统、连续的对企业的经济活动及财务收支情况进行核算和监督,应设置会计账簿。

我们也提到过,会计账簿就好比是连通会计凭证和会计报表的桥梁,它是编制会计报表的基础,账簿的设置和登记在会计核算中具有重要的意义。

- 账簿是会计信息的载体。账簿的设置和登记,能将会计凭证所记录的经济业务逐一记入账簿,对会计信息进行记载和储存,对会计主体即企业一定时期的各项资金运动能有一个全面地反映。

- 账簿是对会计信息的登记、分类和汇总。账簿是由互相关联的不同的账户组成的,通过账簿的记录,可以将各项会计信息进行分门别类的反映,提供一定时段内企业经济活动的详细情况;同时,又可以通过账簿所反映的发生额、余额来反映企业总括的会计信息、财务状况和经营成果等综合数据。

- 通过会计账簿的设置和登记,还可以对会计人员记录的会计信息进行检查和校正。比如可以通过现金日记账余额与实际库存现金余额的核对，确认资金的盘盈或盘亏，并根据实存现金数做账面的调增或调减，做到账实相符，保证所提供会计信息的真实、准确。

- 账簿是编制会计报表的基础，起到输出会计信息的作用。会计人员应定期进行结账工作，并对账簿之间的数据进行核对，计算发生额和余额，用来编制会计报表，反映企业一定日期的财务状况和经营成果，向企业各关联方提供信息。

会计账簿由很多账页组成，而账户则是在账页上体现的。我们可以把一个账户想象成一个内容详细的"丁"字账，账簿就是将若干个丁字账户集中在一起，分类序时的进行经济业务的记载。

5.1.2　账簿登记的要求

账簿的登记应根据审核无误的记账凭证进行，登记时间未做统一的规定，原则上间隔得越短越好，企业可根据自己所选择的账务处理方法合理确定。一般，总账可以根据相应的账务处理程序每日或者几日定期登记，选择科目汇总表账处理方法的也可以于每月编制科目汇总表后进行登记。

明细账也一样，但是对于"应收、应付、存货、固定资产"等债权债务、财产物资明细账应该要每天登记结出余额，方便随时与对方单位结算。库存现金和银行存款日记账应该每日登记并结出余额，贯彻"日清月结"的原则。

会计账簿的登记应符合以下要求。

- 账簿的登记要准确、完整：登记账簿时，要将会计凭证日期、凭证号、业务内容摘要、金额和其他有关资料逐项无误地登记到账簿内。一方面记入到有关的总账，另一方面在总账所属的明细账中也要对应登记。对登记过后的凭证，应在凭证

- 上签名或盖章，并注明倒账符号"√"，避免重复记账、漏记。
- 账簿的登记要规范、书写要整洁：在账簿中进行摘要或者数字的登记时，不要写满格，应该要留有适当的空格（大概格距的二分之一）。书写时应用蓝黑或黑色墨水，不得使用圆珠笔、铅笔等，不得刮、擦、挖补或用涂改液等进行更改。更正错账或登记冲销账簿记录及在不设借贷等栏的多栏式账页中登记减少数用红色墨水外，其他情况一律不得用红笔登账。
- 账簿登记要连续：记账时必须按照账户页次逐页逐行进行登记，不得隔页、跳行，如果不小心出现这种情况，不得撕毁账页，应在空白行或页中用红色墨水画对角线注销，或者盖上"此页空白""此行空白"字样，并由记账人员签名或盖章。在每一页登记完毕时要在摘要栏内注明"转次页"字样，而在次页的摘要栏注明"承前页"字样。期末应将各账户结出余额，并在"借或贷"栏内注明余额方向，没有余额的写"平"字。期末结账后，在结账栏下行画红线。

我们对会计账簿的种类、格式和登记的要求已经有了初步了解，现在开始学习各种账簿的登记。

5.1.3　日记账的登记

企业中的日记账有一般现金日记账和银行存款日记账。它是根据经济业务发生或完成的时间先后顺序逐笔进行登记的账簿。

【现金日记账的登记】

现金日记账是为了核算和监督库存现金每天收入、支出和结存情况而设置的。由出纳人员根据库存现金的收、付款凭证，逐日逐笔顺序登记。

- "日期"栏：填写经济业务发生的具体日期即凭证的编制日期。
- "凭证字、号"栏：填写登记日记账所依据的凭证的字和号，如"收字几号"等。
- "摘要"栏：填写所记录经济业务的简要内容，即凭证上所记录的摘要。
- "对方科目"栏：填写与现金账户发生对应关系的一级科目的名称。
- "借方（收入）"栏金额是根据现金收款凭证和与现金有关的银行存款付款凭证进行登记；"贷方"根据现金付款凭证进行登记，"余额"栏的金额等于"上日余额＋本日收入金额－本日支出金额"。
- "借或贷"栏：填写余额的方向，库存现金科目的余额都在借方。

它一般采用三栏式或多栏式，日常工作中，最常见的为三栏式现金日记账。

以"深尔有限公司"为例，延续第4章的业务，将深尔公司涉及现金的经济业务逐笔登记入账，具体经济业务详见第4章【例4-12】、【例4-13】、【例4-14】，登记现金日记账如表5-1所示。

【银行存款日记账的登记】

银行存款日记账格式与现金日记账类似，仅多出一栏"结算凭证"，用来标明每笔业务的银行结算单编号，便于日后与银行对账。

借方根据银行存款收款凭证或库存现金付款凭证登记，贷方根据银行存款付款凭证登记，同样"本日余额＝上日余额＋本日收入－本日支出"。

深尔有限公司12月银行存款发生业务见第4章【例4-10】、【例4-11】、【例4-13】，银行存款日记账登记如表5-2所示。

表 5-1 现金日记账

现金日记账（三栏式）

第 20 页

会计科目及编号：库存现金
ACCOUNT NO:

19 年 YEAR		凭证 VOUCHER/NO		摘要 DESCRIPTION	对方科目	收入	支出	借或贷 DR/CR	结余	√
月 MTH	日 DATE	字	号			十万千百十元角分	十万千百十元角分		十万千百十元角分	
11	1			承上页				借	¥ 3 8 8 0 0 0	
11	2	收	01	收到小额货款	应收账款	1 0 0 0 0 0		借	¥ 4 8 8 0 0 0	
11	4	付	01	行政部张强报销办公用品款	管理费用		1 6 0 0 0	借	¥ 4 7 2 0 0 0	
11	6	收	02	深尔公司从银行提取现金	银行存款	2 0 0 0 0 0		借	¥ 6 7 2 0 0 0	
11	10	付	02	营销部人员报销差旅费	销售费用		1 0 0 0 0 0	借	¥ 5 7 2 0 0 0	
11				……	……			借		
11										
11	30			本月合计		9 3 2 9 2 0 0	9 5 6 4 0 0 0	借	¥ 1 5 3 2 0 0	
12	1	付	2	支付伍庆出差借款	其他应收款		1 0 0 0 0 0	借	¥ 5 3 2 0 0	
12	1	付	3	银行提取备用金	银行存款	3 0 0 0 0 0		借	¥ 3 5 3 2 0 0	
12	8	付	4	报销办公用品款	管理费用		5 0 0 0 0	借	¥ 3 0 3 2 0 0	
				……	……					
12	31			本月合计		9 1 3 2 6 0 0	9 1 7 0 8 0 0	借	¥ 1 1 5 0 0 0	

表 5-2 银行存款日记账

银行存款日记账（三栏式）

第 16 页

会计科目及编号：银行存款
ACCOUNT NO:

19 年 YEAR		凭证 VOUCHER/NO		摘要 DESCRIPTION	结算单号	对方科目	收入	支出	借或贷	结余	√
月 MTH	日 DATE	字	号				百十万千百十元角分	百十万千百十元角分	DR/CR	百十万千百十元角分	
11				……					借		
11				……							
11	30			本月合计			8 6 9 2 1 2 0 0	8 6 3 2 1 2 0 0	借	¥ 5 0 1 0 0 0 0 0	
12	1	付	2	提取现金	1234567	库存现金		3 0 0 0 0 0	借	¥ 4 9 8 0 0 0 0 0	
12	10	付	3	支付上月欠新佳乐货款	215672	应付账款		1 1 7 0 0 0 0	借	¥ 4 8 6 3 0 0 0 0	
12	13	收	1	收到仁兴公司11月货款	132913	应收账款	5 0 0 0 0 0		借	¥ 4 9 1 3 0 0 0 0	
				……							
				本月合计			5 9 3 3 0 0 0 0	7 4 1 1 0 0 0 0	借	¥ 3 5 3 2 0 0 0 0	

现金日记账和银行存款日记账涉及资金的安全，因此必须采用订本账，避免账页散失或抽换账页的情况出现。

5.1.4 总分类账的登记

总分类账是按总账科目（一级科目）开设的，用以登记和提供总括会计信息的账簿，它可以全面、系统、综合地反映企业所有经济活动情况和财务收支情况，也是编制会计报表所需资料的来源，每个企业都必须要设置总账。

总账的格式有三栏式、多栏式，但是多数企业都采用三栏式进行登记。总账的登记方法取决于账务处理程序，根据不同的账务处理程序，可以分为三种：①根据记账凭证直接逐日逐笔登记；②根据一定时期编制的记账凭证汇总编制"汇总记账凭证"，再据以登记总账；③汇总一定时期的记账凭证编制科目汇总表进行登记，本书所例的"深尔有限公司"账务处理程序采用科目汇总表形式。

【科目汇总表的编制】

科目汇总表核算形式是账务处理程序的一种，它是通过定期（10天、半月或一个月）编制科目汇总表，汇总计算所有会计科目"借方"和"贷方"余额，然后据此进行总账登记的账务处理程序。

编制科目汇总表时，应将汇总期内各经济业务所涉及的总账科目名称填列在科目汇总表内，然后以"丁"字账为"科目汇总表工作底稿"，将各科目借、贷方发生额进行汇总合计，填列在科目汇总表中。

同样，以深尔公司为例，我们将第4章中【例4-10】至【例4-18】各经济业务所涉及的会计科目分别编制"丁"字账，作为科目汇总表的工作底稿，部分科目"丁"字账见表5-3。

编制好"丁"字账后，将每个总账科目的借方发生额合计数和贷方发生额合计数，摘抄至科目汇总表对应科目的借方或贷方发生额栏中。根据借贷记账法"有借必有贷，借贷必相等"的记账规则，在编制的科目汇总表内，全部总账科目的借方发生额合计数一定与贷方发生额合计数相等。

"深尔有限公司"于每月编制一张科目汇总表，其2019年12月科目汇总表编制示例如表5-4。

表 5-3 "丁"字账

借方	银行存款	贷方	借方	库存现金	贷方
期初余额:501000.00			期初余额:1532.00		
收1 5000.00	付3 11700.00		付2 30000.00	付1 1000.00	
	付2 3000.00			付4 500.00	
……	……		……	……	
本期发生额:593300.00	741100.00		本期发生额:91326.00	91708.00	
期末余额:353200.00			期末余额:1150.00		

借方	应付账款	贷方	借方	应付职工薪酬	贷方
	期初余额:563833.00			期初余额:100359.98	
收3 11700.00	转1 23400.00		……	转3 100000.00	
	转4 58500.00			……	
……	……				
本期发生额:247473.63	43500.00		本期发生额:100764.55	110150.00	
	期末余额:359859.37			期末余额:109745.43	

借方	生产成本	贷方	借方	制造费用	贷方
期初余额:0			期初余额:0		
转2 4900.00	……		转3 10000.00	……	
转3 50000.00	……		……	……	
……	……				
本期发生额:366561.25	366561.25		本期发生额:109023.5	109023.50	
期末余额:0			期末余额:0		

利用科目汇总表进行总账的登记，大大减少了登记总账的工作量。但是，科目汇总表是按总账科目汇总编制的，只能作为登记总账和试算平衡的依据，不便于分析和检查经济业务的来龙去脉，不便于查对账目。科目汇总表核算形式适用于经济业务量较多的经济单位。

【总分类账的登记】

在编制完科目汇总表后，接下来就是根据科目汇总表进行总分类账的登记。

- "日期"栏：填写科目汇总表的日期。
- "凭证字、号"栏：在依据科目汇总表的情况下，填写"科汇几号"的字样。如果是按记账凭证逐笔登记的，填写登账所依据的凭证的字号；按"汇总记账凭证"登记总账的，填写"汇收字几号""汇付字几号"或"汇转字几号"。

表 5-4 科目汇总表

科目汇总表

2019 年 12 月 31 日

编制单位：深尔有限公司　　　　　　　　　汇字 1 号　　　　　其中：收字 01-31 号
　　　　　　　　　　　　　　　　　　　　　　　　　　　　　　付字 01-72 号
　　　　　　　　　　　　　　　　　　　　　　　　　　　　　　转字 01-93 号

科目名称	本期借方发生额	本期贷方发生额
库存现金	91,326.00	91,708.00
银行存款	593,300.00	741,100.00
应收账款	115,660.00	135,600.00
其他应收款	57,551.71	8,204.90
原材料	138,500.00	197,632.00
库存商品	538,160.70	585,877.12
固定资产	134,389.00	0.00
累计折旧	0.00	8,041.87
应付账款	247,473.63	43,500.00
应付职工薪酬	100,764.55	110,150.00
应交税费	223,332.75	236,792.13
其他应付款	19,161.68	11,137.14
本年利润	768,118.98	455,183.21
利润分配	480,733.62	711,946.80
生产成本	366,561.25	366,561.25
制造费用	109,023.50	109,023.50
主营业务收入	417,308.00	417,308.00
主营业务成本	224,754.39	224,754.39
销售费用	31,752.13	31,752.13
主营业务税金及附加	3,232.00	3,232.00
管理费用	55,692.62	55,692.62
财务费用	12,000.00	12,000.00
所得税	76,651.25	76,651.25
其他业务收入	37,875.21	37,875.21
合计	4,843,322.97	0.00

会计主管：何某　　　　　审核：伍某　　　　　制表：李某

- "摘要栏"：科目汇总表形式下，填写"汇总某月 1 至 30（31）号凭证"；记账凭证汇总表形式下，填写每一张汇总记账凭证的汇总依据，即"汇总第几号至第几号凭证"；按记账凭证逐笔登记的，即填写所依据凭证的摘要内容。
- "借、贷金额"：按所依据的科目汇总表、记账凭证汇总表或者记账凭证登记各总账账户的借方或贷方发生额。

- "余额"栏：根据科目性质，按"期初余额＋本期借方发生额－本期贷方发生额"或者"期初余额＋本期贷方发生额－本期借方发生额"计算登记。
- "借或贷"栏：登记所记账科目的余额方向，余额在借方的写"借"字，在贷方的写"贷"字，如果期末余额为零，则写"平"字，则在余额的数字填写栏内写"0"并在0中间画一横，或者直接画"/"表示。

总账按企业使用的全部总账账户合设在各张账页上，不同的账页登记不同账户的总分类账。因篇幅有限，笔者在此列举"深尔有限公司"部分总分类的登记，示例如表5-5、表5-6及表5-7。

表5-5　总分类账——应收账款

总分类账（一般三栏式）

第 12 页

会计科目及编号：应收账款

19年		凭证		摘要	借方	贷方	借或贷	余额	√
月	日	字	号	DESCRIPTION					
……				……			借		
……				……			借		
11	30			本月合计	1 2 7 3 2 2 0 0	1 5 3 2 1 2 0 0	借	¥ 1 4 8 6 9 0 6 1	
12	31	科汇	1	汇总本月1至31日凭证	1 1 5 6 6 0 0 0	1 3 5 6 0 0 0 0	借	¥ 1 2 8 7 5 0 6 1	
				本月合计	1 1 5 6 6 0 0 0	1 3 5 6 0 0 0 0	借	¥ 1 2 8 7 5 0 6 1	

表5-6　总分类账——应付职工薪酬

总分类账（一般三栏式）

第 72 页

会计科目及编号：应付职工薪酬

19年		凭证		摘要	借方	贷方	借或贷	余额	√
月	日	字	号	DESCRIPTION					
……				……			贷		
……				……			贷		
11	30			本月合计	1 0 1 0 2 0 0 0	1 0 3 5 1 2 0 0	贷	¥ 1 0 0 3 5 9 9 8	
12	31	科汇	1	汇总本月1至31日凭证	1 0 0 7 6 4 5 5	1 1 0 1 5 0 0 0	贷	¥ 1 0 9 7 4 5 4 3	
				本月合计	1 0 0 7 6 0 0 0	1 1 0 1 5 0 0 0	贷	¥ 1 0 9 7 4 5 4 3	

表 5-7 总分类账——主营业务收入

总分类账（一般三栏式）

第 93 页

会计科目及编号：主营业务收入
ACCOUNT NO：

19年 YEAR		凭证		摘要 DESCRIPTION	借方	贷方	借或贷 DR/CR	余额	√
月 MTH	日 DATE	字	号 VOUCHER/NO		百万 十万 万 千 百 十 元 角 分	百万 十万 万 千 百 十 元 角 分		百万 十万 万 千 百 十 元 角 分	
……				……			贷		
……				……			贷		
11	30			本月合计	4 5 3 1 2 2 0 0	4 5 3 1 2 2 0 0	平		/
12	31	科汇	1	汇总本月1至31日凭证	4 1 7 3 0 8 0 0	4 1 7 3 0 8 0 0			/
				本月合计	4 1 7 3 0 8 0 0	4 1 7 3 0 8 0 0	平		

不管采用哪一种方法进行总分类账的登记，都必须把登记当月所发生的经济业务全部登记入总账，并于月份终了结算出各账户的本期借方、贷方发生额和期末余额，并与登记完毕的各所属明细账余额进行核对，账账一致后，将总账数据作为编制会计报表的主要依据。

5.1.5 明细账的登记

明细分类账是总分类账的明细记录，它是按照二级账户或明细账户开设账页，分类、连续地登记经济业务以提供明细核算资料的账簿。

在日常工作中，明细账的登记可根据管理需要进行，如固定资产、债权、债务等明细账应根据记账凭证逐日逐笔登记，库存商品、原材料收发明细账可根据原始凭证（出入库单证等）逐笔登记，也可以按一定日期将原始凭证汇总登记，对于已经设置了日记账的银行存款和库存现金不必先设置明细账。

明细账的格式可以分为三栏式、多栏式、数量金额式和横线登记式，其各栏目的填制方法与总分类账的填制基本类似。但每种格式适应的明细分类账有所不同，我们将一一进行了解。

【三栏式明细分类账的登记】

三栏明细账设借、贷、余三个栏目,一般适用于只进行金额核算的账户。比如应收、应付账款,其他应收、应付等往来结算账户。

以"深尔有限公司"12月发生的"其他应收款"经济业务为例,登记明细账见表5-8。

表 5-8 明细分类账——其他应收款

明细分类账(一般三栏式)

第 25 页

会计科目及编号: 伍某
ACCOUNT NO:

19 年 YEAR		凭证		摘　　要 DESCRIPTION	借方 百万十万千百十元角分	贷方 百万十万千百十元角分	借或贷 DR/CR	余额 百万十万千百十元角分	√
月 MTH	日 DATE	字	号 VOUCHER/NO						
……				……					
……				……			借		
11	30			本月合计	1 3 1 2 2 0 0	1 3 1 2 2 0 0	借	1 0 4 4 8 3 9	
12	31	付	1	营销部伍某借出差费用	1 0 0 0 0 0		借	1 1 4 4 8 3 9	
				……					
				本月合计	5 7 5 5 1 7 1	8 2 0 4 9 0	借	5 9 7 9 5 2 0	

【多栏式明细账的登记】

多栏式明细分类账,是将属于同一个总账科目的各个明细科目合并在一张账页上进行登记,将借方或贷方栏按明细科目分设成若干专栏。适用于成本费用类科目的明细核算,前述第3章表3-2管理费用明细账就属于此类。

示例表5-9即为"深尔有限公司"12月"生产成本"明细账登记。

【数量金额式明细账】

数量金额式明细账是将数量(重量)、单价与金额同时显示在账页上的账簿,它一般适用于既要进行金额核算又要进行数量核算的账户,比如:原材料、库存商品等存货类账户。

示例见表5-10:"深尔有限公司"12月"原材料"明细账。

表5-9 多栏式明细账——生产成本明细分类账

生产成本明细分类账

第 06 页

19 年		凭证		摘要 DESCRIPTION	直接人工 万千百十元角分	直接材料 万千百十元角分	制造费用 万千百十元角分	…… 万千百十元角分	合计 十万千百十元角分	贷方 万千百十元角分	余额 万千百十元角分 √
月 MTH	日 DATE	字	号 VOUCHER NO								
				……							
11	30			本月合计	1 0 5 3 5 2 0 0	1 5 6 5 9 2 0 0	1 1 3 3 3 0 0 0		3 7 5 2 7 4 0 0	3 7 5 2 7 4 0 0	/
12	10	转	2	领用塑胶原料一批		4 9 0 0 0 0 0			4 9 0 0 0 0 0		
12	10	转	3	本月应付生产人员工资	5 0 0 0 0 0 0				5 0 0 0 0 0 0		/
				……							
12	31	转	88	本月产品入库结转生产成本						3 6 6 5 6 1 2 5	
				本月合计	5 9 9 0 5 7 5	1 9 7 6 3 2 0 0	1 0 9 0 2 3 5 0		3 6 6 5 6 1 2 5	3 6 6 5 6 1 2 5	/

表5-10 数量金额式明细账——原材料明细账

原材料明细分类账

类别：材料　　　　　　　　　　　　　　　　　　　　　材料编号：TH001
品名或规格：弹簧　　　　　　　　　　　　　　　　　　储备定额：5000kg
存放地点：原料仓　　　　　　　　　　　　　　　　　　计量单位：kg　　　第 21 页

19年 YEAR		凭证 VOUCHER NO		摘要 DESCRIPTION	收入			发出			结存		
月 MTH	日 DATE	字	号		数量	单价	金额	数量	单价	金额	数量	单价	金额
11	30			本月合计	7600	5 00	3 80 000 00	6840	5 00	3 42 000 00	5300	5 00	2 65 000 00
12	2	转	01	购买图丰厂弹簧一批	4000	5 00	2 00 000 00				9300	5 00	4 65 000 00
12	10	转	02	生产领用弹簧				980	5 00	4 9000 00	8320	5 00	4 16 000 00
				......									
				本月合计	6500	5 00	3 25 000 00	7100	5 00	3 55 000 00	4700	5 00	2 35 000 00

明细账与总分类账之间是统驭与补充的关系,在进行一项经济业务的账簿登记时,我们既要在有关的总分类账户中进行总括登记,又要在其所属的有关明细账户中进行登记,即总账与明细账的平行登记。

5.1.6 会计账簿的装订

在每一个会计年度结束并进行年度结账后,应将各类账簿(除开跨年使用的账簿)整理装订,进行立册。

- 装订前的整理:应将各账簿中所登记的账户与该账簿首页"账簿启用表"中的账户目录进行核对,查看账页数是否齐全、账页序号是否连续。对于活页式的账簿,保留已使用过的账页,去掉空白页和账夹。

- 进行装订:将各会计账簿按账簿封面—账簿启用表(有账户目录的附账户目录)—按顺序排列整齐的账页—账簿封底的顺序装订,不同格式的账册(如多栏式活页账、三栏式活页账及数量金额式活页账等)不得进行混装,应按同类业务、同类格式、同样保管期限整理装订的原则进行。

- 装订后要求:将装订好的账簿封面上填写好账目的各类,编好卷号,并填写好装订人员、会计主管等相关人员的签章;装订好的会计账簿应保持牢固、平整、齐全,封口要严密,并在封口处加盖有关印章。

5.2 对账和结账

在对上述所有账簿登记完毕后是不是就完成了编制报表前的所有工作?答案是否定的。会计是一项严谨的工作,为了避免会计工作中出现的记账差错或计算差错等现象,也为了确保账簿所提供会计资料的正确、真实和可靠，会计人员在登记账簿时除了要认真细致外，在将有关经济业务入账后，还必须定期做好对账工作。经过一系列的对账工作，确保会计信息无误后，才能据以结账，进行到会计日常工作的下一步。

5.2.1 对账

对账可以在日常进行，也可以定期进行。如在日常编制凭证的工作中，会由制单人员将编制好的凭证传递给审核人员进行审核，这种针对原始凭证和记账凭证的审核工作是日常核对的主要内容。而定期核对一般是指在期末结账前进行的，对凭证、账簿所记录信息进行的核对。

对账的工作可以分为三步走，如图5-1所示。

图 5-1 对账流程

【账证核对】

账簿登记的依据是经审核之后的会计凭证，账证核对检查的则是登记账簿过程中发生的错误。记账完毕后，应将各种账簿的记录和所依据的会计凭证进行核对，审核的内容包括账簿记录与原始凭证、记账凭证的时间、凭证字号、摘要内容、金额是否一致、记账方向是否相符。

账证核对的工作可以在日常编制凭证和记账过程中进行，但是如果月终发现账证不符时，必须重新进行账证的核对，这种情况下发现的账证不符，大多是在进行试算平衡时发现的。

【账账核对】

总账与明细账、各明细账之间是存在衔接依存关系的，账账核对就是在账证核对的基础上,利用各账簿之间的衔接(勾稽)关系,对各账簿之间各指标进行核对,核查记账工作的正确与否。

账簿之间的核对可以分为:

(1)总分类账记录的检查 总分类账的核对可以采用编制"试算平衡表"(也叫做"总分类账户本期发生额和余额对照表")的方法进行,它是按照"资产=负债+所有者权益"的会计等式和"有借必有贷,借贷必相等"的记账规律来核查总分类账各账簿之间的平衡关系,以发现总账登记是否正确的方法。

"试算平衡表"格式与"科目汇总表"类似,但试算表是根据已经登记好的总账编制的,并且除了本期借、贷发生额还需要设置"期初余额"和"期末余额"栏。深尔有限公司2019年12月试算表编制如表5-11所示。

在试算表中,如果"上期余额""本期发生额""期末余额"各栏的借贷合计数相等,说明总分类账的登记基本正确,如果不相等,则证明登记有误,需要做进一步的核查及更正。

(2)总分类账与所属明细分类账户的核对 是指将总分类账各所属明细科目的期末余额之和与总分类账的期末余额进行核对,相符则表示登账基本正确,不相符则查找差错原因进行更正。

以深尔有限公司"应付账款"科目为例,总账科目期末余额为359,859.37元,其所属各明细科目余额如图5-2所示。

将各明细科目余额进行汇总,其总额必然等于"应付账款"总账科目余额。

(3)总分类账簿与日记账核对 即库存现金和银行存款总账的期末金额是否与现金日记账和银行存款日记账期末余额相符。

(4)各明细账簿之间的核对 比如会计部门的库存商品明细账与保管部门成品仓库的明细账簿进行核对、会计部门的原材料明细

表 5-11 试算平衡表

总分类账户本期发生额和余额对照表

（试算平衡表）

2019 年 12 月

编制单位：深尔有限公司

科目名称	上期余额		本期发生额		期末余额	
	借方	贷方	借方	贷方	借方	贷方
库存现金	1,532.00	0.00	91,326.00	91,708.00	1,150.00	
银行存款	501,000.00	0.00	593,300.00	741,100.00	353,200.00	
应收账款	148,690.61	0.00	115,660.00	135,600.00	128,750.61	
坏账准备	0.00	0.00	0.00	0.00	0.00	
其他应收款	10,448.39	0.00	57,551.71	8,204.90	59,795.20	
原材料	230,195.00	0.00	138,500.00	197,632.00	171,063.00	
库存商品	531,769.59	0.00	538,160.70	585,877.12	484,053.17	
固定资产	649,700.00	0.00	134,389.00	0.00	784,089.00	
在建工程	0.00	0.00	0.00	0.00	0.00	
累计折旧	0.00	234,219.51	0.00	8,041.87		242,261.38
短期借款	0.00	200,000.00	0.00	0.00		200,000.00
应付账款	0.00	563,833.00	247,473.63	43,500.00		359,859.37
应付票据	0.00	0.00	0.00	0.00		0.00
应付职工薪酬	0.00	100,359.98	100,764.55	110,150.00		109,745.43
应交税费	0.00	12,730.00	223,332.75	236,792.13		26,189.38
其他应付款	0.00	17,124.33	19,161.68	11,137.14		9,099.79
实收资本	0.00	500,000.00	0.00	0.00		500,000.00
本年利润	0.00	312,935.77	768,118.98	455,183.21		0.00
利润分配	0.00	132,133.00	480,733.62	883,546.25		534,945.63
生产成本	0.00	0.00	366,561.25	366,561.25	0.00	
制造费用	0.00	0.00	109,023.50	109,023.50	0.00	
主营业务收入	0.00	0.00	417,308.00	417,308.00		0.00
主营业务成本	0.00	0.00	224,754.39	224,754.39	0.00	
销售费用	0.00	0.00	31,752.13	31,752.13	0.00	
税金及附加	0.00	0.00	3,232.00	3,232.00	0.00	
管理费用	0.00	0.00	55,692.62	55,692.62	0.00	
财务费用	0.00	0.00	12,000.00	12,000.00	0.00	
营业外支出	0.00	0.00	0.00	0.00	0.00	
营业外收入	0.00	0.00	0.00	0.00		0.00
所得税	0.00	0.00	76,651.25	76,651.25	0.00	
其他业务收入	0.00	0.00	0.00	0.00		0.00
其他业务支出	0.00	0.00	0.00	0.00	0.00	
合计	2,073,335.59	2,073,335.59	4,805,447.76	4,805,447.76	1,982,100.98	1,982,100.98

会计主管：何某　　　　审核：伍某　　　　制表：周某

图 5-2　明细科目余额

账与原料仓库的明细账核对、会计部门的固定资产明细账与固定资产使用部门的明细账进行核对等。可以采取由财产物资保管或使用部门定期编制"收发结存汇总表"递交至会计部门进行核对的方法。

【账实核对】

账实核对也就是会计日常工作中所进行的财产清查，通过对企业的各项财产：货币资金、各种往来款项、财产物资等进行账面数和实有数之间的核对，以确保账实相符的一种方法。

在企业的日常生产经营中，存在很多因素导致企业财产物资的账实不符：物资保管过程中的自然损耗、财产收发过程中的计量差错、会计人员工作失误、管理不善丢失被盗等。为了确保会计信息的真实可靠，发挥会计核算应有的作用，必须定期对财产进行清查，提高会计信息质量。

账实核对可以分为全面清查和局部清查、定期清查和不定期清查。主要是针对以下内容进行账面和实物之间的核对。

- 现金日记账账面余额和库存现金数额的核对。由出纳人员和有关人员每日或每周定期盘点，并编制"现金盘点报告表"，格式如表5-12所示。

表 5-12 现金盘点报告表

现金盘点报告表

单位名称：深尔有限公司　　　　2019 年 12 月 11 日

实存数			账存数（元）	对比结果		备注
币值	数量（张）	金额（元）		盘盈	盘亏	
100 元	42	4200.00	4397.60	0.00	0.00	
50 元	0	0.00				
20 元	2	40.00				
10 元	4	40.00				
5 元	4	20.00				
1 元	97	97.00				
0.5 元	1	0.50				
0.1 元	1	0.10				
合计		4397.60				

会计主管：何某　　　　审核：伍某　　　　制表：郭某

- 银行存款日记账账面余额和银行对账单余额核对。将本单位银行存款日记账同银行对账单逐日逐笔核对，如两者不一致，应编制"银行存款余额调节表"，其格式如表5-13所示。

表 5-13 银行存款余额调节表

银行存款余额调节表

单位名称：深尔有公司　　　　　　　　　　　　2019年12月31日

账号：23500123513321700000

项目	金额（RMB）	项目	金额（RMB）
银行对账单余额	354480.00	单位银行存款日记账余额	353200.00
加单位已收银行未收合计金额		加银行已收单位未收合计金额	
1、收仁兴公司12月货款	10000.00	1、	
2、		2、	
减单位已付银行未付合计金额		减银行已付单位未付合计金额	
1、付图丰厂货款	23400.00	1、银行自动划扣12月电费	12120.00
2、		2、	
合计	341080.00	合计	341080.00

会计主管：何某　　　　　　出纳：郭某　　　　　　制表：李某

调节后，如果双方余额相等，一般可以认为双方记账没有差错。调节后双方余额仍然不相等时，原因有两个，要么是未达账项未全部查出，要么是一方或双方账簿记录还有差错。无论是什么原因，都要进一步查清楚并加以更正，一定要到调节表中双方余额相等为止。

- 各项财产物资明细账账面余额和财产物资库存实数的核对。根据有关账簿资料和盘点资料填制"实存账存对比表"，格式如表5-14所示。

表 5-14 实存账存对比表

实存账存对比表

单位名称：深尔有公司　　　　2019年12月31日

编号	类别及名称	计量单位	单价（元）	实存		账存		对比结果				备注
								盘盈		盘亏		
				数量	金额（元）	数量	金额（元）	数量	金额（元）	数量	金额（元）	
1	A	kg	5.00	4700	23500.00	4700	23500.00	0		0		

会计主管：周某　　　　　　部门审核：谢某　　　　　　制表：李某

- 各往来、债权、债务明细账账面余额和对方单位或个人账面记录的核对。可由本单位人员与外单位电话联系，或传对账单进行，对账单格式不固定，由各单位根据自身实际情况设定。

5.2.2 结账

结账工作是在编制会计报表前进行的，为了总结一定时期的经济业务情况，需要将这一时期的账簿记录结算清楚，结清各类账户的本期发生额和期末余额，为会计报表的编制打好基础。

【结账的程序】

在进行结账工作前，除了需要及时（不提前、不推后）的将本期发生的所有经济业务全部登记入账（登账），并保证所登记的记录正确（对账）外，还需要做一些结账前的准备工作。

（1）调整账项 根据权责发生制的原则，正确划分本期应计的收入和费用与其他会计期间的收入和费用。包括应计收入、应计费用、预收收入和预付费用的调整。

- 应计收入：指已在本期实现，但因款项未收而未登记入账的收入。如深尔有限公司12月29日销售A类电子产品一批，价税合计23200元，已开具发票，对方已验收入库，但货款尚未支付。深尔公司虽然本月暂未收到货款，但对于这笔经济业务，已经符合收入的确认标准，那么会计人员应确认为深尔公司本期的收入，记录入账：借"应收账款"、贷"主营业务收入"。

- 应计费用：指本期已经发生，但款项尚未付而未登记入账的费用。如深尔公司12月发生电费30000元，银行在下月初自动划扣此笔款项，那么会计人员对于这笔费用应确认为本月（12月）的费用支出，借"制造费用""管理费用"、贷"其他应付款"。

- 预收收入：指企业已收取款项，但未完成或未全部完成产品销售或劳务的提供，需要在期末按完成比例调整本期收入，并调整所收的款项形成的负债。如深尔公司与仁兴公司签订合同，约定于下月 10 日提交 A 类电子产品 10 万套，仁兴公司已于签订合同日（12 月 25 日）支付产品定金 30000 元。在收到定金时，会计人员应借记"银行存款"、贷记"预付账款"，而不应确认为本期收入。

- 预付费用：指企业支出已经发生，但所发生的支出应在以后若干会计期间受益的费用。为了正确计算各会计期间的盈亏，应将这些支出在受益会计期间内进行分摊。如深尔有限公司电梯保养费为 1000 元/月，公司于 10 月 10 日已支付第四季度保养费 3000 元，那么，会计人员在进行 12 月期末账面调整时，应将本月应承担的 1000 元记入本期费用，借"管理费用"、贷"预付账款"。

（2）**结转损益** 于月末将各损益类账户的金额结转至"本年利润"科目，以计算本期的经营成果。

（3）结出所有账户的借、贷方本期发生额和期末余额。

（4）画红线结账，并将余额转至下期。月结和季结时，在"月结"和"季结"行上下均画单红线；年结时，在"年结"栏上行画单红线，下行画双红线。

【结账的方法】

结账是在月末、季末或年末进行的，也可以分为月结、季结和年结，采用画线结账的方法。

- 月结：在每月月末结账时，在最后一笔经济业务记录下面通栏画单红线，再结出本月借、贷方发生额和余额，写在红线下面一栏，摘要注明"本月合计"，在"本月合计"栏下画一条单红线。如账户本月未发生经济业务，可不进行月结。格式可参考本章第一节"会计账簿的登记"中各账簿例表。

- 季结：在季末最后一月月结数字的红线下面一行，除结计本月合计数外，还需在"本月合计"下一栏将本季度3个月的借、贷发生额进行加总，余额栏与本月合计栏余额相等。摘要栏内注明"本季合计"字样，同时在"本月合计"和"本季合计"栏通栏画单红线。

- 年结：年终结账时，要将全年发生额和年末余额进行结算，在摘要栏内注明"本年合计"字样，并在合计栏下通栏画双红线，表示全年账户结账，有余额的账户，需要将余额结转至下一年度，则在"本年合计"的下一栏摘要中注明"结转下年"字样，将余额转出。

【电算化下如何结账】

在实行电算化进行账务处理时，所有的结账工作都是由计算机自动完成的。计算机通过对所有账户的本期发生额和期末余额进行电算化处理，同时，检查会计凭证是否全部登记入账、是否已经审核，再根据试算平衡等结果进行结账处理工作。电算化下的结账工作需要注意的事项如下：

- 专人负责。在电算化下，结完账后是不能再进行凭证的输入或修改的，会计结账工作应由专人负责（一般是部门主管），避免其他人员错误操作，影响电算化系统的正常运行。

- 结账前的检查。虽然电算化系统能完成试算平衡并以此判断能否进行下一步结账工作，但对于人为的如凭证错误、未到结账日期等错误，它不能进行很好地识别，因此在结账前，负责结账的人员应检查该月所有的凭证是否全部记账、结账日期是不是正确及其他结账前的工作是否已经全部完成等，只有在完成所有结账条件时才能进行结账工作。

- 结账的顺序。和手工会计一样，为保持数据的连续性，在进行结账工作时，应先将上月末的结账工作完成后才能进行本月结账工作，如果上月未结账则不允许结本月的账。

- 年底结账。电算化系统下，年底结账后，系统会自动产生下一会计年度的空白数据文件，包括凭证临时文件、凭证库文件、科目余额发生额文件等，并将年度余额进行结转。跨年度时电算化系统允许在上年度未完成结账工作的情况下进行下一年度会计凭证的输入，这一情况可以在结账环境设置"在上年末结账的情况下不允许输入本月的凭证"中更改。

- 在电算化操作系统下，会计人员应时时注意数据的备份，在进行结账前也应做一次数据备份工作，可以在出现结账不正确的情况下恢复重做。

5.3 调账

在上一节中，我们讲述了对账和结账，对账是为了保证会计信息的正确、真实、可靠，结账则是在对账工作的基础上进行的，两者一个是为了保证会计信息的正确，另一个是以正确的会计信息为前提，但是，工作中难免会有疏忽，出现差错的情况是会经常出现的，那么，对于这些繁多的数据资料，会计人员如何快速灵活地查找出错误原因，又如何来对这些错误进行更改呢？读者将会在本节中一一明了。

5.3.1 产生错账的原因

在进行会计记录和处理的过程中，出现差错的原因多种多样，常见的主要有以下几种。

（1）由于会计确认不当形成　　会计确认是指依据一定的标准对所发生的经济业务能否作为会计要素计入会计系统，以及能否列入会计报表进行识别和确认的过程，也就是说对这项经济业务的时间范围（计入本期或是下期、分期计入等）和空间范围（计入哪一类会计账户）的问题进行确认。由于会计确认不当形成的差错有：

- 与权责发生制确认时间基础不符的会计差错：如对收入的提前或推迟确认、费用的提前或推迟入账等。
- 会计科目定义和特征识别不清导致的差错：如账户分类不当，常将资本性支出和收益性支出进行混淆。

（2）由于会计计量不准确形成

- 与实物数量不符产生的差错：比如财产清查时对材料等存货的计量不准确，或收发材料时计量不准确，导致期末账实不符，出现盘盈或盘亏的情况，使会计报表发生错误。
- 因计量属性和计量单位不符产生的差错：因资产的计价方式有历史成本计价法、现行市价计价法、未来现金流量现值计价法等，对待不同的资产（购入、接受捐赠、盘盈等）应确定正确的计量属性和计量单位。

（3）由于会计记录造成的

- 操作性失误：因会计人员按错键位、眼误或笔误等出现的错误。
- 技术性错误：因会计人员对工作的不熟练造成的凭证填写错误、红字运用范围不当等。
- 条件性错误：因客观条件产生的如纸质差发生的字迹模糊、辨认不清等造成的。

（4）其他原因如管理不当、会计人员责任心不强等造成的。

以下仅针对由于会计记录造成的会计差错进行调账的方法和相关内容进行讲述。

5.3.2 错账查找的方法

常见的差错有：重记、漏记、数字错位、数字错记、科目记错、方向记反等。

出现错账时，我们可以按照差错的种类采取不同的方法来进行查找。

【漏记、重记的查找方法】

漏记是指对会计分录在记账过程中的登记出现了只登记借方或贷方，而漏记另一方的情况。重记是指对会计分录在记账过程中的登记出现了同一方重复登记的情况。在记账过程中出现漏记、重记的情况时，一般采用差数法、顺查法进行查找。常出现的漏记（重记）情形有：

（1）总账漏记（重记） 总账漏记（重记）某一方，会计人员在进行试算平衡时就会发现借贷方金额不相等，借、贷方哪一方金额数小（大），漏记（重记）的就在哪一方。这种情况下，会计人员可以通过回忆来查找与差额相同的记账金额。也可以通过总账与明细账的对比来查找，如某一总账借（贷）方金额小于（大于）它所属的明细账的借（贷）方合计数，且这个差额与总账借贷方差额正好相等，则说明总账的借、贷方中金额较小（大）的一方发生了漏记（重记）。

（2）明细账漏记（重记） 在进行总账与明细账核对时，发现某一总账的借（贷）方金额大于（小于）所属明细账借（贷）方金额合计数，而这时总账已经试算平衡了，这样，可以判断明细账借、贷方某方出现了漏记（重记），漏记（重记）金额为总账金额与明细账同方向合计金额数的差额。

上述两种情况采用的都是差数法，差数法就是按照错账的差数查找错误出处的方法。

（3）如果是某一张凭证整张漏记了，那么通过差数法是无法发现错误的。这时，就要通过顺查法或逆查法来查找了。

顺查法：也叫做正查法，它是按照账务处理的顺序，从头到尾对原始凭证、账簿、会计报表这样的顺序进行查找的方法。从最开始检查原始凭证的正确与否，到后来核对记账凭证同账簿的记录，再到有关账户发生额和余额的检查来发现漏记、重记、错记科目、错记金额等情况。顺查法工作量大，花时多，所以一般只在通过其他方法无法查找到具体原因时采用。

逆查法：也叫做反错法，顾名思义，这种方法的顺序与顺查法正好相反，是根据账务处理的顺序按会计报表、账簿、记账凭证的过程来进行查找的方法。它一般也只在其他方法采用无效的情况下使用。

【错记、记反方向的查找方法】

（1）**借、贷金额方向记反** 是指记账时把发生额的方向记反，将借方金额错记入贷方金额，或者将贷方金额错记入借方金额，这时，会出现错账的差数表现为错误的2倍，将差数除以2，得出的商即是记错方向的金额。我们称这种方法为除2法，是指用差数除以2来查找错账的方法。

如总账一方记反，误将借方500记入贷方，试算时不平衡，借方小于贷方的差额1000能被2整除，那会计人员就应该查找有没有所得商数500的会计记录。

（2）**数字写小或写大** 也即是数字的错位，指将数字的位数前移或后移造成的差错。比如将500写成了50或者是将50写成了500，那么查账时，将数字写小的情况，以差额450除以9后所得的商50，再以商乘以10得出积500即是写错的数字；如果是将数字写大，那么算出的差额 50 就是正确的数字,而差额 50 乘以 10 得出的积 500 即为写错的数字。

查账时如果差额能够除以 9,所得商恰是账上的数,可能是记错位,会计人员可以用这种除 9 法进行。除 9 法,指以差数除以 9 来查找错数的方法。

(3) 邻数颠倒 是指记账时把相邻的两个数字换位登记了。如将 96 写成 69,这时正确数 96 与错误数 69 的差额是 27,除以 9 以后所得的商数为 3,等于相邻颠倒的 9 和 6 之间的差额 3,而且这个差额小于 9。那么,会计人员就可以从账簿记录中两个相邻的数差值为 3 的数额中进行错账查找,当发现账簿记录中出现了差额为 3 的数字(如 96),则有可能就是颠倒的数字。

(4) 隔位数倒置 同邻数颠倒类似,只是这种倒置是将隔位数的位置弄错,产生有效数字是三位以上的差额,而且差额中间的数字为 9。比如将 801 错记成 108,这时产生的差额为 693,除以 9 所得的商 77 是两位相同的数,且倒置的数字 8 与 1 的差额是其中一位数字 7。于是,会计人员就可以从账簿记录中查找数字中百位和个位两数之差为 7 的数字,便可查到隔位数字倒置差错。

对于发生的角、分的差错,会计人员可以只针对小数部分查找原因,提高错账查找的效率。

学习这些错账查找的方法,读者是不是觉得有点绕迷糊了呢?呵呵,不要着急,理清思路,会发现无非就是简单的加减乘除而已。在工作中,出现错账时,会计人员应从具体情况出发,灵活运用合适的查账方法,可以使用一种方法,也可以各种方法结合使用,善于分析,发挥柯南精神:看透唯一的真相。

5.3.3 错账的更正方法

在会计工作中,如果发现账簿记录有错误,不能采用涂改液、橡皮擦、除字灵等这些工具来进行改错，只需备红、蓝（黑）笔各一支，按照专门的方法即可轻松搞定。

错账更正的方法有三种。

【画线更正法】

画线更正法，也叫红线更正法，是指在结账前发现的，记账凭证无误而账簿记录有文字或数字错误的情况下使用的。其方法是在错误的文字或者数字上画一条红线，再用蓝（黑）字在红线的上方写上正确的文字或数字，并由更正人员在改写处盖章，明确责任。如，将13200.00元误记为1320.00元，修改如图5-3。

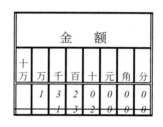

图5-3 画线更正法

画线更正时如果是文字错误，可只画错误的部分；但如果是数字上错误，应将全部数字画线（如图5-3），而不得只划错误数字部分。划线后必须注意使原来的错误字迹仍可辨认，以备审查。

【红字更正法】

红字更正法也叫做红字冲销法。会计中，红字是代表对原记录的冲销。在下列两种情况下，会计人员应采用红字更正法进行错账更正。

（1）根据会计凭证记账后发现记账凭证会计科目错误或者记账方向错误的，应先用红字书写一张与原错误凭证内容完全一样的凭证（文字用蓝或黑字，数字用红字），并用红字登记入账冲销账簿记录，再用蓝（黑）字填写一张正确的凭证登记入账。

比如，用现金购买办公桌一张400元，在填制凭证时误写成"银行存款"，并已登记账簿。错误会计分录为：

借 管理费用　　　　　400

　贷 银行存款　　　　　400

会计人员此时应采用红字更正法更正，先用红字填写一张与上述分录完全一样的凭证：

借 管理费用　　　　　$\boxed{400}$

　贷 银行存款　　　　　$\boxed{400}$

再据以登记账簿，这时，原先编制错误的会计记录已经完全冲销。然后，再编制一张正确的蓝字凭证：

借 管理费用　　　　　400

　贷 库存现金　　　　　400

（2）根据编制好的凭证登记账簿后，发现记账凭证会计科目的使用和记账方向没有错误，但是记账金额大于应记的正确金额，这时也应采用红字更正法。方法是：编制一张红字凭证，其会计科目、记账方向与错误凭证完全一样，但是数字为已记账的错误金额减去正确金额得出来的差额，以冲销多记的金额。

【补充登记法】

补充登记法又叫做蓝字登记法，是指在编制凭证登账后发现记账凭证的会计科目、借贷方向无误，只是所记金额小于应记的正确金额。此时，会计人员应采用补充登记法进行更正。方法是：将少记的金额编制一张蓝字凭证，除金额为少记的金额外，其他内容均与原错误凭证一致，以补充少记的金额，并在账簿中据以登记。

上述三种是会计核算中更正错账常采用的方法，在理论上各种方法都会有例如记账后、结账前的时间限定，但会计人员在工作中应根据实际情况在符合会计规定的情况下灵活运用。如记账前就发现会计凭证编写错误,可以将凭证作废重编;在结账后发现记账凭证无误,只是在登记账簿的过程中出现笔误(即过账笔误),这时也可以用红字更正法直接在账簿出现的错误处进行更正,不必重新填写记账凭证。

5.4 常见差错点拨

5.4.1 会计摘要填写混乱

在账簿的登记过程中,会计摘要是对经济业务往来的具体内容进行的简要记录,会计人员在进行登账时应写好会计摘要,注意以下会计摘要的填写事项,防止易错点的出现。

- 简洁明了,一目了然。如收付款业务应将收(付)款的对方单位名称及款项所属的期间注明清楚,不可简单地以"收款""付款"代替,应按类似"付图丰厂10月货款""支付购图丰厂弹簧款"的字样填写;转账业务也不可以"转账""转成本"等字样应付了事,而应写明转账业务的内容如"结转本月入库材料成本""制造费用结转至生产成本"等字样填写。保证除经办人以外的其他会计人员或相关管理人员对所记录的账簿资料一看便知,对所记录经济业务的来龙去脉一目了然。
- 字迹清晰、表达准确。对经济业务的内容表达应准确通顺,便于理解,并且在登记账簿时应保证字迹清晰、页面干净。
- 依据附件,摘要简练。应保持所登记的经济业务与所附原始凭证的内容一致,并将原始凭证、记账凭证的重点进行概括,达到言简意赅,发挥摘要精炼的特点。不必过于详细,将经济业务的全部细节内容记入摘要，这样会导致摘要过于繁琐。

- 错账冲销、来源清晰。在进行错账更字采用红字冲账时，往往没有原始凭证作为附件，那么在登记账簿时应在摘要栏内写明冲账的原因或者是注明对哪一笔经济业务所进行的更正，应将摘要按"更正 2019 年 10 月 12 日 53 号凭证错账"的字样，使凭证的来源清晰。

5.4.2　采用红色墨水记账错误

在登账的过程中对发现的错误，会计人员应按规定的更正方法进行改正，熟知红色墨水记账的各种情况，而不能采用涂、挖、刮、补及用化学剂褪色等办法进行。红色墨水记账仅限于以下情况：

- 用红字进行错账的冲销时。
- 在多栏式账页登记转出数或减少数时，如月末进行管理费用、销售费用、财务费用的期结转时。
- 在账簿余额栏中未设方向标记的情况下，如其他应收款为贷方余额，而余额栏未做方向标记时。

5.4.3　账簿其他常见错误

在使用账簿和登记账簿的过程中除了上述错误外，还存在着以下常见错误：

- 账户设置错误。在进行账户的设置时没有考虑所在单位的会计核算形式、记账方法以及所适用的会计制度规定，造成应该设置的账户未设置，而不应该设置的又进行了设置。
- 记账依据错误。将未经审核过的记账凭证进行登账，或者是对有些不符合会计制度要求的凭证进行记账。
- 使用形式错误。对于严格规定账簿外表形式的账簿如日记账、总账等采用活页式账簿登账，或者是以表代账、以单代账。

- 启用、交接错误。对账簿的启用和人员交接的情况均未在账簿首页注明，内部控制不严谨。
- 记账错误。除了上述所说的摘要栏的问题，还存在着数目填写、科目运用、借贷方向以及重记、漏记等。
- 过账错误。在进行各类账簿的新旧接替时，承上页、转下页等页次关系不清晰。
- 账簿平衡关系错误。如总账与明细账、各明细账之间的数据勾稽关系不符，或者出现了账证不符、账账不符、账实不符等情况。
- 账簿保管错误。对于已经使用的账簿未按照会计档案管理办法进行，造成会计账簿的损坏、丢失、残缺等。

以上错误虽然存在于账簿中，但是导致错误的原因却是因为会计核算的各个方面引起的，如会计凭证的错误、会计人员工作错误、财产清查错误等。会计人员应对这些常见的错误引起注意，提高账簿使用和登记的准确性。

5.5 小结

在会计人员进行账务处理的过程中，对比编制凭证和编制会计报表，登记账簿相对来说是比较没有技术含量的活，稍微费脑筋一点的也就是起初建账时想想应该要准备哪些账本，各个科目应用哪种格式的明细账册等。在之后的日常工作中，就是根据编制好的凭证将文字、数字转抄一下就好，但是，也不应小看这个阶段的工作，牢记这句话"登记账簿要仔细"。

认真细致的对待这个阶段的工作，是对前期工作的一种负责，也是对后期编制会计报表所做的铺垫。在工作中出现账簿登记错误是很头痛的一件事，有时候会花费会计人员大量的时间来进行错误的查找，大大降低工作的效率。当然，百密一疏，工作中总有出错的时候，对于错账，会计人员也应该灵活运用各种方法，尽快地找到原因，在工作中善于总结，会计工作也能熟能生巧。

第6章 游刃有余
——编制报表

经过前面默默无闻的各项基础工作准备,终于到了出成果的时候啦。本章将要学习的会计报表的编制,不光是对会计人员工作的一个总结,也是对企业某一时期的财务状况、经营成果和现金流量等的综合反映。

6.1 财务报表概述

财务报表是会计人员进行核算工作所生产的最终产品，它是根据前期各项记账凭证、会计账簿等核算资料定期编制的，反映企业一定时期内经营成果、财务状况和理财过程的各种报表，它反映了企业在这一阶段内的全部会计信息。

6.1.1 财务报表的目标和作用

首先，我们应该了解什么是财务报表，很多人将财务报告和财务报表理解为同一概念的不同说法，其实这是不对的。财务会计报告和财务会计报表虽一字之差，但两者的内容不同。财务会计报告除包括会计报表外，还包括附表、会计报表附注、财务情况说明书和其他应当在财务会计报表中披露的相关信息和资料，其范围要比财务会计报表广泛。财务会计报表是财务会计报告的重要核心部分，它是财务报告最基本的手段，但不是唯一的手段。

【财务报表的目标】

在日常的会计工作中，会计人员已经按照一定的账务处理程序将各项经济业务全面、连续、分类、汇总的在会计账簿上进行了记录，但是，这些日常记录相对来说数量繁多，而且比较分散，没有将企业的财务状况和经营成果集中地反映出来。那么，这就出现了编制财务报表的必要性。

企业编制财务报表的目标，是向企业内外部各财务报表的使用者提供他们所需的会计信息，以便于他们做出正确的经济决策。同时，在现在资产所有权和管理权分离的情况下，财务报表还起到反映企业管理层受托管理企业责任的履行情况。财务报表的使用者一般有投资者、债权人、政府及其有关部门和社会公众等。

【财务报表的作用】

(1) 反映企业一定时期的经营情况 如企业的盈利能力如何、哪些因素是影响企业盈利的主要原因、在今后的发展中是否会持续增长等。企业投资者可以据此判断是否应继续投资、追加投资、收回或转移投资等。

(2) 披露企业目前的财务健康状况 企业的负债状况如何、是否具有偿债能力、存不存在经营风险和财务风险，又是否面临财务困境或破产风险等。企业的债权人可以通过会计报表了解上述这些情况，来评估企业的偿债能力，来减少贷款的盲目性和风险，保护自己的权益。

(3) 向企业管理层提供决策信息 企业管理层通过会计报表，可以了解企业以往的经营业绩和未来的发展前景，评价管理层管理水平的高低，分析存在的原因，决定企业未来的投资项目、资本结构、融资筹资和利润分配等政策。

(4) 便于政府机构对企业经济事项的检查和监督 税务、海关、工商等部门可以通过企业定期提供的财务报表，监督企业是否严格执行了国家的税收法规、国家工商行政法规等。

6.1.2 财务报表的组成和分类

【财务报表的组成】

财务报表由资产负债表、利润表、现金流量表、所有者权益变动表及财务报表附注构成。

资产负债表、利润表和现金流量表属于最重要的报表部分，它们分别从不同的角度反映企业的财务状况、经营成果和现金流量。资产负债表反映某一特定日期企业所拥有资产、承担的负债和投资者拥有的实际净资产情况；利润表是反映企业一定时期内的运作盈亏情况；而现金流量表则反映企业一段时期内现金或现金等价物的进出情况。

所有者权益变动表是反映本会计期间所有者权益各组成部分增减变动情况，以及企业的净利润及其分配情况的报表。

财务附注是财务报表的重要组成部分，它对上述财务报表是一种补充和说明。在上述报表中大都只采用了数字说明和总括的说明，财务报表附注就是对资产负债表、利润表、现金流量表及所有者权益变动表中列示项目的文字描述，以及明细资料和未能在这些报表中列示事项的补充。

【财务报表的分类】

财务报表可以按照不同的标准进行分类。

（1）按服务对象分类 可以分为内报表和对外报表。

对外报表：指企业需要定期编制，并且定期向外部机构如税务局、投资者、工商等部门报送的报表，像上面提到的财务报表均属于此类。它们具有统一的格式、统一的报送时间。

内部报表：内部报表没有固定的格式，是企业根据自身管理的需要而编制的，最常见的就是各企业内部的成本报表。

（2）按照编报期间的不同分类 可以分类中期财务报表和年度财务报表。

中期财务报表：总的指短于一个会计年度的报告期间内编制的财务报表，包括月度报表、季度报表和半年度财务报表。

年度财务报表：顾名思义就是全面反映企业整整一个会计年度经营成果、财务状况和现金流量等情况的报表。

中期财务报表对比年度财务报表，两者所应提供的报表一致，只是其报表中的附注披露等信息可以适当简略。

（3）按报表反映会计信息的重要程度划分 可以分为主表和

附表。

主表：就是指主要的财务报表，它们所提供的会计信息相对更全面和完整，能满足不同信息使用者的需要。目前主要财务报表指资产负债表、利润表和现金流量表。

附表：也就是指主表的从属报表，它们是对主表中不能具体说明和反映的重要信息进行的补充，与主表之间存在勾稽关系。附表有：利润表的附表——利润分配表；资产负债表的附表——应交增值税明细表和资产减值准备明细表等。

(4) 按照编报主体的不同 分为个别财务报表和合并财务报表，是针对母公司和子公司而言的。

个别财务报表：是指母公司和子公司在各自会计核算的基础上对账簿记录进行加工，主要用来反映企业本身财务状况等情况的财务报表。

合并财务报表：是将母公司和子公司作为一个会计主体整体考虑，根据母公司和子公司各自编制的会计报表，由母公司编制的综合反映整个企业集团经营成果、财务状况及资金变动情况的财务报表。

6.1.3 财务报表的编制要求和准备

财务报表是对企业经营状况的信息输出，具有不同知识背景的各种使用者，对各使用者的投资决策、经营决策等都起着非常重要的作用。针对这些情况，会计人员在编制会计报表时就必须遵守相应的会计报表编制要求，也就是指编制财务报表时应符合的会计信息质量要求。

【财务报表的编制要求】

读者可以回忆一下本书第2章2.1.4中所讲述的会计信息质量要求，它适用于会计工作的各个阶段，编制会计报表也应遵守这八性：可靠性、相关性、可理解性、可比性、实质重于形式、重要性、谨慎性和及时性。具体要求如下：

（1）数字真实　财务报表所提供的会计信息资料必须能如实地反映企业的情况，才能作为使用者的决策依据。这是对所有提供的会计资料最基本的信息质量要求。

（2）内容完整　财务报表是反映企业经营活动全部信息的总括，因此必须做到资料的完整性。凡是企业发生的业务都必须在重要性和成本允许的范围内尽可能的完整反映，不得造成信息的遗漏；凡是会计制度要求编制的报表都必须全部编制，不得漏编漏报。

（3）计算准确　会计核算和报表编制，涉及大量的数字计算，只有计算准确了，才能保证提供资料的真实可靠，也才能使所提供的资料确实可用。只有计算准确、真实的会计报表资料，才能与使用者的决策相关联，帮助他们对过去进行评价，对未来进行预测。

（4）前后可比　财务报表所反映的信息资料，应当能够满足使用者进行横向或纵向的比较，也就是说能与不同时期和不同企业的财务报表相对比，以利于报表使用者进行鉴别和分析。另外，因为使用者各自的知识背景不同，对报表的理解各有差异，所以，财务报表所提供的信息在可比的同时还要便于使用者理解，尽可能做到说明清楚。

（5）报送及时　信息的使用价值跟传递的及时与否有很大的关系，财务报表应当按规定的时间送达给使用者，才能为使用者的决策提供有用的依据。如果报表编制和传递不及时，就会失去其相关性，降低会计信息的使用价值。

【编制报表前的工作准备】

编制报表的直接依据是会计账簿，会计报表所有的数据都是从已经登记好的账簿中摘取。因此，在编制报表前会计人员已经做好了一系列的日常工作，如前面所述的对账、结账等工作。

在会计人员的实际工作中，编制报表、申报纳税都是集中在月末和月初进行的，这时候是会计人员最为忙碌的时候，忙乱容易出错，笔者结合实际工作，对编制报表前的准备工作叙述如下（涉及税金计算的部分将在第 7 章中叙述），读者可结合前面所学的知识加以去重归纳和灵活掌握。

在编制会计报表前会计人员一般应做好如下准备工作：

(1) 资产的核实　包括现金和银行存款的明细核对；应收账款、其他应收款与债务人核对；各项存货、固定资产、在建工程的清查等。应保证各项资产实数与账面数一致，如出现差异应先编制相关凭证，查明原因后按规定处理。

(2) 债务的清理　对各种经济往来中形成的债务要及时核对入账，已到期的要按时偿还，特别是税款、水电等，确保企业经营的正常运转。

(3) 成本的核算　日常工作中，企业的成本核算一般是定期（十天、半月或一月）汇总编制成本核算表，月末编制会计报表前，应认真复核制造费用的分配、归集情况；各项生产、销售、库存项目的成本核算情况，计算本月的产品成本、销售成本等。避免出现少转、漏转、错转成本等情况，影响企业盈亏信息的真实性。

(4) 做好费用的计提与摊销　一般企业每月的计提和摊销业务基本固定，有固定资产折旧的计提、无形资产摊销、水电费计提、工资计提以及以工资为基数计提的福利费、教育经费、工会经费、开办费的摊销、有银行借款业务的利息的计得，有外币业务的还应计算汇兑损益，调整相关外币账户。

(5) 归集损益类科目，结转本年利润　月末将各损益类账户全部转入"本年利润"账户；年末将"本年利润"账户形成的本年税后净利润或亏损转入"利润分配"账户。

以上的工作根据会计岗位的不同分工同时交叉进行，会计人员应区分轻重缓急，合理有序地安排各项工作。

6.2 资产负债表

资产负债表是反映企业在某一个特定日期的财务状况（资产、负债和所有者权益）的会计报表，它反映的是某一日期的财务状况，属于静态会计报表的范畴。

6.2.1 资产负债表的结构

资产负债表包含了资产、负债和所有者权益三个大的项目，它们三者之间存在着一定的勾稽关系，利用"资产＝负债＋所有者权益"的会计平衡等式，将各要素的会计科目分列为"资产""负债和所有者权益"两列，反映企业经营状况。

【资产负债表的内容】

（1）**资产** 反映企业由过去的交易事项形成的，并且是由企业拥有或控制的，在可以预计的将来能给企业带来经济利益的资源。在资产负债表中，按照资产的流动性大小进行列示，表明企业拥有或控制的经济资源及其分布情况。具体分为流动资产和非流动资产两类。

流动资产，读者可以从字面上简单理解，流动即灵活变动。也就是说这些资产能在较短的时间（一年或者超过一年的一个正常的营业周期）内变现、出售或者耗用。

在表中列示的流动资产项目包括：货币资金、交易性金融资产、应收票据、应收账款、预付款项、应收利息、应收股利、其他应收款、存货和一年内到期的非流动资产等。

非流动资产，是对应流动资产来讲的，流动资产以外的资产就是非流动资产。如表中所列示的长期应收款、长期股权投资、投资性房地产、固定资产、在建工程、工程物资、固定资产清理、无形资产等。

（2）负债 就是企业的欠债，是某一特定日期下企业所承担的、预期会导致企业经济利益流出的义务。在资产负债表中，也同样是按偿还期的长短来对各项负债进行列示，分为流动负债和非流动负债。

流动负债指一年内或者超过一年的一个营业周期内需要偿还的债务合计。在资产负债表中列示的流动负债项目有：短期借款、应付票据、应付账款、预收款项、应付职工薪酬、应交税费、应付利息、应付股利、其他应付款以及一年内到期的非流动负债等。

非流动负债指流动负债以外的负债。其项目包括长期借款、应付债券、长期应付款等。

（3）所有者权益 是企业资产扣除负债后的剩余权益，是企业所有者对企业净资产的要求权，在数量上等于企业全部资产减去全部负债后的余额，这可以通过对会计恒等式的变形来表示，即：资产－负债＝所有者权益。资产负债表中的所有者权益包含了实收资本、资本公积、盈余公积和未分配利润等项目。

【资产负债表的结构】

目前国际上对于资产负债表主要采用账户式和报告式两种格式，我国企业的资产负债表采用账户式的结构。

账户式资产负债表的基本结构分左右两方，一般是按各种资产流动性大小的顺序逐一列在表的左方，反映单位所有的各项财产、物资、债权和权利；负债和所有者权益则按清偿时间的先后顺序逐一列在表的右方。负债一般列于右上方分别反映各种长期和短期负债的项目，所有者权益列在右下方，反映企业所有者对企业净资产的所有权。

资产负债表左边资产各项目的合计等于右边负债和所有者权益各项目的合计，即"资产＝负债＋所有者权益"。

账户式资产负债表的格式见表6-1。

表 6-1 账户式资产负债表格式

资产负债表

会企 01 表

编制单位：深尔有限公司　　2019 年 11 月 30 日　　单位：元

资产	行次	年初数	期末数	负债和所有者权益（或股东权益）	行次	年初数	期末数
流动资产：				流动负债：			
货币资金	1	402,025.60	502,532.00	短期借款	31	250,000.00	200,000.00
以公允价值计量且其变动计入当期损益的金融资产	2			以公允价值计量且其变动计入当期损益的金融负债	32		
衍生金融资产	3			衍生金融负债	33		
应收票据	4			应付票据	34		
应收账款	5	118,952.49	148,690.61	应付账款	35	597,121.42	563,833.00
预付账款	6			预收款项	36		
应收利息	7			应付职工薪酬	37	100,287.98	100,359.98
应收股利	8			应交税费	38	10,184.00	12,730.00
其他应收款	9	8,358.71	10,448.39	应付利息	39		
存货	10	609,571.67	761,964.59	应付股利	40		
持有待售资产	11			其他应付款	41	13,699.46	17,124.33
一年内到期的非流动资产	12			持有待售负债	42		
其他流动资产	13			一年内到期的非流动负债	43		
流动资产合计		1,138,908.47	1,423,635.59	其他流动负债	44		
非流动资产：				流动负债合计		971,292.86	894,047.31
可供出售金融资产	14			非流动负债：			
持有至到期投资	15			长期借款	45		
长期应收款	16			应付债券	46		
长期股权投资	17			其中：优先股	47		
投资性房地产	18			永续债	48		
固定资产	19	332,384.39	415,480.49	长期应付款	49		
在建工程	20			专项应付款	50		
工程物资	21			预计负债	51		
固定资产清理	22			递延所得税负债	52		
生产性生物资产	23			其他非流动负债	53		
油气资产	24			非流动负债合计：		0.00	0.00
无形资产	25			负债合计：		971,292.86	894,047.31
开发支出	26			所有者权益	54		
商誉	27			实收资本(或股本)	55	500,000.00	500,000.00
长期待摊费用	28			其他权益工具	56		
递延所得税资产	29			其中：优先股	57		
其他非流动资产	30			永续债	58		
				资本公积	59		
				减：库存股	60		
				其他综合收益	61		
				专项储备	62		
				盈余公积	63		
				未分配利润	64		445,068.77
				所有者权益(或股东权益)合计		500,000.00	945,068.77
非流动资产合计		332,384.39	415,480.49				
资产总计		1,471,292.86	1,839,116.08	负债和所有者权益(或股东权益)总计		1,471,292.86	1,839,116.08

会计主管：何某　　　　审核：伍某　　　　制表：周某

6.2.2 资产负债表的作用

资产负债表通过对企业某一时点资产、负债、所有者权益的静态反映描述了企业的账务状况，它的作用主要有以下几个方面：

（1）反映资产及其分布状况 它反映了企业在特定时间所拥有的资产类别和数额，如流动资产的多少、固定资产的多少、长期投资资产的多少、无形资产的多少等。

（2）列示了企业所承担的债务及偿还期限的长短 资产负债表通过列示企业在特定时点的所承担的债务如流动负债、长期负债等，让报表使用者清楚地知道企业在这一时点上需要偿还的债务金额有多少，哪些是需要在一年内偿还、哪些偿还期在一年以上。

（3）反映净资产及其形成原因 资产负债表反映某一特定时间投资人所拥有的净资产额度，及净资产产生的原因。净资产也就是股东权益，它等于资产减去负债；在企业的清偿过程中，负债是优于所有者权益的，也就是所谓的先人后己。

（4）揭示企业的财务状况发展趋势 通过对几个会计期间所编制资产负债表的分析，可以对企业财务发展状况的趋势有比较清楚的了解，如把各个月度（年度）企业应收账款做个对比，就会很容易地发现企业的销售状况是呈现上升或是下降趋势。

6.2.3 资产负债表的编制

了解资产负债表的内容和格式之后是不是迫不及待地想知道如何进行报表的编制了？不要着急，一步一步跟着来吧。

【资产负债表的编制方法】

资产负债表各项目分为"年初数"和"期末数"两栏，主要是通过对日常会计记录的数据加以归集和整理形成的。其中"年初数"根据上年度资产负债表的"期末数"所列数字填列。"期末数"的数据来源，主要通过以下几种方式取得：

(1) 根据总账科目余额直接填列　如"短期借款"项目，可直接根据"短期借款"总账科目的期末余额填列。

(2) 根据总账科目余额计算填列　如"货币资金"项目，根据"现金""银行存款""其他货币资金"科目的期末余额合计数计算填列。

(3) 根据明细科目余额计算填列　如"应付账款"项目，根据"应付账款""预付账款"科目所属相关明细科目的期末贷方余额计算填列。

(4) 根据总账科目和明细科目余额分析计算填列　如"长期借款"项目，根据"长期借款"总账科目期末余额，扣除"长期借款"科目所属明细科目中反映的、将于一年内到期的、并且企业不能单方地将偿还期限延期的长期借款部分，分析计算填列。

(5) 根据科目余额减去其备抵项目后的净额填列　如"应收账款"项目，根据"应收账款"科目的期末余额，减去"坏账准备"备抵科目余额后的净额填列。

(6) 综合运用以上所述的方法分析填列　如"存货"项目，需要将"原材料""库存商品""委托加工物资""周转材料""材料采购""在途物资""发出商品""材料成本差异"等总账科目期末数进行汇总后，再减去"存货跌价准备"科目余额后的净额填列。

如果当年度资产负债表规定的各个项目的名称和内容同上年度不相一致，应对上年年末资产负债表各项目的名称和数字按照本年度的规定进行调整，填入本表"年初数"栏内。

【资产负债表的具体填列】

笔者在此重点讲述"期末数"的主要项目的填列方法，对于企业中很少应用的项目不做讲述。读者可承接前述各章中"深尔有限公司"的数据，结合本书第5章中"表5-9试算平衡表"，按照以下的内容来自己完成一张完整的资产负债表。

(1)"货币资金"项目　根据"库存现金""银行存款"和"其他货币资金"三个总账科目的期末余额合计数填列。

(2)"以公允价值计量且其变动计入当期损益的金融资产"项目　反映企业为交易目的而持有的债券、股票、基金等交易性金融资产，应根据"交易性金融资产"账户的期末余额填列。

(3)"应收票据"项目　本项目反映企业收到的未到期的商业承兑汇票和银行承兑汇票等应收票据余额，应根据"应收票据"科目的期末余额填列，注意，已向银行贴现和已背书的应收票据应在会计报表附注中单独披露，而不包括在本项目中。

(4)"应收账款"项目　根据企业"应收账款"科目所属各明细科目的期末借方余额合计数，减去"坏账准备"科目中有关应收账款计提的坏账准备期末余额后的金额填列。如果"应收账款"科目所属明细科目期末有贷方余额，应在本表右列中的"预收账款"项目内填列。

(5)"预付账款"项目　根据"预付账款"和"应付账款"账户所属各明细账户的期末借方余额合计，减去"坏账准备"账户中有关预付账款计提的坏账准备期末余额后的金额填列。

(6)"应收利息"项目　根据"应收利息"账户的期末余额填列。

(7)"应收股利"项目　根据"应收股利"账户期末余额填列。

(8)"其他应收款"项目　应根据"其他应收款"科目的期末余额，减去"坏账准备"账户中有关其他应收款计提的坏账准备期末余额后的金额填列。

(9)"存货"项目　本项目应根据"材料采购""在途物资"

"原材料""库存商品""周转材料""委托加工物资""生产成本"和"劳务成本"等账户的期末余额合计,减去"存货跌价准备"账户期末余额后的金额填列。材料采用计划成本核算以及库存商品采用计划成本或售价核算的小企业,应按加、减材料成本差异或商品进销差价后的金额填列。

(10)"一年内到期的非流动资产"项目　反映企业非流动资产项目中在一年内到期的金额,包括一年内到期的持有至到期投资、长期待摊费用和一年内可收回的长期应收款。本项目应根据上述"持有至到期投资""长期待摊费用"和"长期应收款"账户分析计算后填列。

(11)"其他流动资产"项目　指除以上流动资产项目以外的其他流动资产,根据有关科目的期末余额填列。如果其他流动资产价值较大的,应在会计报表附注中披露其内容和金额。

(12)"可供出售金融资产"项目　根据"可供出售金融资产"科目期末余额填列。

(13)"持有至到期投资"项目　根据"持有至到期投资"账户期末余额减去一年内到期的投资部分的金额,以及减去"持有至到期投资减值准备"账户期末余额后填列。

(14)"长期应收款"项目　根据"长期应收款"期末余额减去一年内到期的部分金额、"未实现融资收益"账户期末余额、"坏账准备"账户中长期应收款计提的坏账损失后的金额填列。

(15)"长期股权投资"项目　根据"长期股权投资"期末余额减去"长期股权投资减值准备"账户期末余额后填列。

(16)"投资性房地产"项目　根据"投资性房地产"账户期末余额数填列。

(17)"固定资产"项目　根据"固定资产"账户期末余额减去"累计折旧"和"固定资产减值准备"账户期末余额后填列。

（18）"在建工程"项目 根据"在建工程"期末余额填列。

（19）"工程物资"项目 根据"工程物资"科目期末余额填列。

（20）"固定资产清理"项目 根据"固定资产清理"期末借方余额填列，如果期末余额为贷方，则以"—"号填列。

（21）"无形资产"项目 根据"无形资产"账户期末余额减去"无形资产减值准备"和"累计摊销"期末余额数填列。

（22）"开发支出"项目 根据"开发支出"账户的期末余额填列。

（23）"长期待摊费用"项目 根据"长期待摊费用"账户期末余额减去将于1年内（含1年）摊销的数额后的金额填列。

（24）"商誉"项目 根据"商誉"账户期末余额填列。

（25）"递延所得税资产"项目 根据"递延所得税资产"账户期末余额填列。

（26）"其他非流动资产"项目 指除上述非流动资产以外的其他长期资产。根据有关账户的期末余额填列。

（27）"短期借款"项目 根据"短期借款"账户的期末余额数填列。

（28）"以公允价值计量且其变动计入当期损益的金融负债"项目 根据"交易性金融负债"账户的期末余额数填列。

（29）"应付票据"项目 根据"应付票据"科目的期末余额填列。

（30）"应付账款"项目 根据"应付账款"期末贷方余额填列。如果科目期末有借方余额，应在本表"预付账款"项目内填列。

（31）"预收账款"项目 根据"预收账款"所属的各明细科目的期末贷方余额填列。如果"预收账款"的明细科目有借方余额，应在本表的"应收账款"项目内填列。同样，"应收账款"明细账户如有贷方余额，则应在本项目内反映。

(32)"应付职工薪酬"项目 根据"应付职工薪酬"账户期末借方余额填列。如果本科目期末为借方余额,则以"—"号填列。

(33)"应交税费"项目 根据"应交税费"账户的期末贷方余额填列,如果该科目期末为借方余额,则以"—"号填列。

(34)"应付利息"项目 根据"应付利息"账户期末余额填列。

(35)"应付股利"项目 根据"应付股利"账户期末余额填列。

(36)"其他应付款"项目 根据"其他应付款"账户的期末余额填列。

(37)"一年内到期的非流动负债"项目 指一年内到期的长期借款、长期应付款和应付债券,应根据"长期借款""长期应付款""应付债券"等账户分析计算后填列。

(38)"其他流动负债"项目 指除以上流动负债以外的其他流动负债,根据有关账户的期末余额填列。

(39)"长期借款"项目 根据"长期借款"科目的期末余额减去一年内到期部分的金额后的余额填列。

(40)"应付债券"项目 根据"应付债券"账户期末余额数减去所属相关明细科目中将于一年内到期的金额后的余额填列。

(41)"长期应付款"项目 根据"长期应付款"账户期末余额减去一年内到期部分和"未确认融资费用"账户期末余额后填列。

(42)"递延所得税负债"项目 根据"递延所得税负债"账户期末余额填列。

(43)"其他非流动负债"项目 指除上述长期负债以外的其他长期负债,可以根据有关账户期末余额数填列。

(44)"实收资本(或股本)"项目 根据"实收资本(股本)"的期末余额数填列。

(45)"资本公积"项目 根据"资本公积"科目期末余额数填列。

(46)"盈余公积"项目 根据"盈余公积"账户的期末余额填列。

(47)"未分配利润"项目 根据"本年利润"和"未分配利润"科目的期末余额数填列。如果存在未弥补的亏损,则以"—"号在本项目内填列。

一般日常工作中,企业涉及的项目相对来说比资产负债表中所列项目要少,较简单的如本书中的"深尔有限公司",其12月份的资产负债表各项目填写完整后示例如表6-2。

读者可以对照一下表6-2,看看自己所做的数据是否正确。

6.3 利润表

利润表也可以称作损益表,它是表示会计期间企业利润的实现或亏损情况的财务报表。利润表反映的是一定期间内企业的收入、成本、费用和利润(亏损)的数额和构成情况,是一张动态的报表。报表的使用者可以通过利润表全面了解企业的经营成果,分析企业的利润增减变化、获利能力和盈利增长趋势等,为经济决策提供依据。

6.3.1 利润表的结构

利润表一般有单步式和多步式两种格式,我国企业的利润表采用多步式格式。多步式利润表,将收入和费用项目加以分类,按利润构成和分配分成两个大的部分。

利润构成部分分步反映了净利润的构成内容:先列示销售收入,然后减去销售成本得出销售利润,再减去各种税费、费用后得出营业利润或亏损,营业利润加上营业外收入、减去营业外支出后得到企业的利润总额或亏损额。

表 6-2　深尔公司 12 月资产负债表

资产负债表

会企01表

编制单位：深尔有限公司　　　2019 年 12 月 31 日　　　　　　　　　　　　　单位：元

资产	行次	年初数	期末数	负债和所有者权益（或股东权益）	行次	年初数	期末数
流动资产：				流动负债：			
货币资金	1	402,025.60	354,350.00	短期借款	29	250,000.00	200,000.00
以公允价值计量且其变动计入当期损益的金融资产	2		0.00	以公允价值计量且其变动计入当期损益的金融负债	30		
应收票据	3			应付票据	31		
应收账款	4	118,952.49	128,750.61	应付账款	32	597,121.42	359,859.37
预付账款	5			预收款项	33		
应收利息	6			应付职工薪酬	34	100,287.98	109,745.43
应收股利	7			应交税费	35	10,184.00	26,189.38
其他应收款	8	8,358.71	59,795.20	应付利息	36		
存货	9	609,571.67	655,116.17	应付股利	37		
一年内到期的非流动资产	10			其他应付款	38	13,699.46	9,099.79
其他流动资产	11			一年内到期的非流动负债	39		
流动资产合计		1,138,908.47	1,198,011.98	其他流动负债	40		
非流动资产：				**流动负债合计**		971,292.86	704,893.97
可供出售金融资产	12			非流动负债：			
持有至到期投资	13			长期借款	41		
长期应收款	14			应付债券	42		
长期股权投资	15			长期应付款	43		
投资性房地产	16			专项应付款	44		
固定资产	17	332,384.39	541,827.62	预计负债	45		
在建工程	18			递延所得税负债	46		
工程物资	19			其他非流动负债	47		
固定资产清理	20			**非流动负债合计：**		0.00	0.00
生产性生物资产	21			**负债合计：**		971,292.86	704,893.97
油气资产	22			所有者权益（或股东权益）	48		
无形资产	23			实收资本（或股本）	49	500,000.00	500,000.00
开发支出	24			资本公积	50		
商誉	25			减：库存股	51		
长期待摊费用	26			盈余公积	52		
递延所得税资产	27			未分配利润	53		534,945.63
其他非流动资产	28			所有者权益（或股东权益）合计		500,000.00	1,034,945.63
非流动资产合计		332,384.39	541,827.62				
资产总计		1,471,292.86	1,739,839.60	**负债和所有者权益（或股东权益）总计**		1,471,292.86	1,739,839.60

会计主管：何某　　　　　　审核：伍某　　　　　　制表：周某

利润分配部分，先将利润总额减应交所得税，计算得出企业的税后利润。再按照分配方案提取公积金或者应付利润等。企业也可以将利润分配部分单独以"利润分配表"列示。多步式利润表的格式见表 6-3。

表 6-3　多步式利润表格式

利　润　表

会企 02 表

编制单位：深尔有限公司　　　　2019 年 11 月　　　　　　　　　　单位：元

项目	行次	本月数	本年累计数
一、营业收入	1	400,133.52	4,181,395.28
减：营业成本	2	215,506.61	2,692,403.70
税金及附加	3	3,099.98	32,394.79
销售费用	4	33,523.33	350,318.80
管理费用	5	51,273.61	535,809.22
财务费用	6	12,000.00	125,400.00
资产减值损失	7		
加：公允价值变动收益（损失以"－"号填列）	8		
投资收益（损失以"－"号填列）	9		
其中：对联营企业和合营企业的投资收益	10		
资产处置收益（损失以"－"号填列）	11		
二、营业利润（亏损以"－"号填列）	12	84,729.99	445,068.77
加：营业外收入	13		
其中：非流动资产处置利得	14		
减：营业外支出	15		
其中：非流动资产处置损失	16		
三、利润总额（亏损总额以"－"号填列）	17	84,729.99	445,068.77
减：所得税费用	18		
四、净利润（净亏损以"－"号填列）	19	84,729.99	445,068.77
五、每股收益	20		
（一）基本每股收益	21		
（二）稀释每股收益	22		

会计主管：何某　　　　　　审核：伍某　　　　　　制表：周某

6.3.2 利润表的作用

利润表通过对企业经营成果的反映，提供给会计报表使用者相关信息，让他们对投资的价值和报酬进行评估，它的作用主要有以下几个方面：

（1）提供经营成果的分配依据 损益表反映企业一定会计期间内的营业收入、营业成本、营业费用及主营业务税金、所有期间费用和营业外收支等信息，最终计算出该会计期间内企业的利润，作为分配依据。

（2）综合反映生产经营的各个方面 通过本企业各个会计期间的纵向对比和与外部同行业企业的横向对比，有助于考核企业管理层的工作业绩；还可以通过利润表中所反映的收入、成本费用、利润等项目与企业生产经营预算进行对比，考核生产计划的完成情况。

（3）分析企业的获利能力 有助于报表使用者预测企业未来的发展前景，进行投资决策，同时，也给报表使用者预测企业未来的现金流量提供依据。损益表详细说明了企业经营利润、投资净收益和营业外收支净额等项目，为分析企业的盈利水平、评估企业的获利能力提供了可能性。

6.3.3 利润表的编制

利润表的编制相对资产负债表来说稍简单一些，其数据的来源大部分可以根据相对应的科目直接取得，进行加或减的计算要比资产负债表少，下面我们就来看一看利润表是如何编制的。

【利润表编制的步骤】

利润表的编制步骤，可以按照其表格的大的项目符号来走。

第一步：以营业收入为基数，减去营业成本、税金及附加、销售费用、管理费用、财务费用、资产减值损失，然后加上公允价值变动收益减去公允价值变动损失、加上投资收益减去投资损失后，得出来的结果为营业利润。

第二步：在计算出来的营业利润的基础上，加上营业外收入，减去营业外支出，得出利润总额。

第三步：也就是算净利润，净利润是在利润总额的基础上，减去所得税费用即可。

在上述表 6-3 中还有第五大项"每股收益"，不存在有普通股或者潜在股公开交易、以普通股或潜在股正处于公开发行的过程中的企业不需要列示。

【利润表的具体填列】

利润表中各项目分列为"本月数"和"本年累计数"两列，其"本年累计数"为自年初起至本月末止的累计发生数。根据上月利润表的"本年累计数"栏各项目数额，加上本月利润表"本月数"栏各项目数额的合计数填列。

目前使用的利润表中有一些分列为"本月数"和"上期数"两列，"上期数"的各项数字应根据上年度同期利润表的"本月数"填列。

利润表各项目"本月数"的填写具体如下：

（1）"营业收入"项目　根据"主营业务收入"和"其他业务收入"账户的发生额分析填列。

（2）"营业成本"项目　根据"主营业务成本"和"其他业务成本"账户的发生额分析填列。

（3）"税金及附加"项目　包含企业负担的消费税、土地增值税、城市维护建设税、资源税和教育费附加等。根据"税金及附加"

账户的发生额分析填列。

（4）"销售费用"项目 根据"销售费用"科目的发生额分析填列。

（5）"管理费用"项目 根据"管理费用"科目的发生额分析填列。

（6）"财务费用"项目 根据"财务费用"科目的发生额分析填列。

（7）"资产减值损失"项目 根据"资产减值损失"账户的发生额分析填列。

（8）"公允价值变动损益"项目 根据"公允价值变动损益"科目的发生额分析填列。

（9）"投资收益"项目 根据"投资收益"账户的发生额分析填列，如果为投资损失，则以"—"号填列。

（10）"营业外收入"项目 根据"营业外收入"科目的发生额分析填列。

（11）"营业外支出"项目 根据"营业外支出"科目的发生额分析填列。

（12）"所得税费用"项目 根据"所得税费用"科目的发生额分析填列。

其他如营业利润、利润总额、净利润等就按照前面所述的步骤计算填列即可。

读者也同样可以对于前述各章中所提供的"深尔有限公司"的数据资料，练习如何编制一份利润表，各项目填写完整后的深尔公司12月利润表见表6-4。

表 6-4　深尔公司 12 月利润表

利　润　表

会企 02 表

编制单位：深尔有限公司　　　2019 年 12 月　　　单位：元

项　目	行次	本月数	本年累计数
一、营业收入	1	417,308.00	4,598,703.28
减：营业成本	2	224,754.39	2,917,158.09
税金及附加	3	3,232.00	35,626.79
销售费用	4	31,752.13	382,070.93
管理费用	5	55,692.62	591,501.84
财务费用	6	12,000.00	137,400.00
资产减值损失	7		
加：公允价值变动收益（损失以"－"号填列）	8		
投资收益（损失以"－"号填列）	9		
其中：对联营企业和合营企业的投资收益	10		
资产处置收益（损失以"－"号填列）	11		
其他收益	12		
二、营业利润（亏损以"－"号填列）	13	89,876.86	534,945.63
加：营业外收入	14		
其中：非流动资产处置利得	15		
减：营业外支出	16		
其中：非流动资产处置损失	17		
三、利润总额（亏损总额以"－"号填列）	18	89,876.86	534,945.63
减：所得税费用	19		
四、净利润（净亏损以"－"号填列）	20	89,876.86	534,945.63
（一）持续经营净利润（净亏损以"－"号填列）	21		
（二）终止经营净利润（净亏损以"－"号填列）	22		
五、其他综合收益的税后净额	23		
（一）以后不能重分类进损益的其他综合收益	24		
1. 重新计量设定收益计划净负债或净资产的变动	25		
2. 权益法下在被投资单位不能重分类进损益的其他综合收益中享有的份额	26		
（二）以后将重分类进损益的其他综合收益	27		
1. 权益法下在被投资单位以后将重分类进损益的其他综合收益中享有的份额	28		
2. 可供出售金融资产公允价值变动损益	29		
3. 持有至到期投资重分类为可供出售金融资产损益	30		
4. 现金流量套期损益的有效部分	31		
5. 外币财务报表折算差额	32		
6. 其他	33		
六、综合收益总额（综合亏损总额以"－"号填列）	34		
七、每股收益：			
（一）基本每股收益	35		
（二）稀释每股收益	36		
公司法定代表人：　　　主管会计工作的公司负责人：　　　公司会计机构负责人：			

会计主管：何某　　　　　审核：伍某　　　　　制表：周某

6.4 现金流量表

现金流量表是财务报表中三个基本报表之一，它是反映一定会计期间现金和现金等价物流入和流出的报表。对于文字中提到的现金，读者可不要光从字面意思理解，它在会计上是指企业的库存现金以及可以随时用于支付的存款，包括库存现金、银行存款和其他货币资金。而现金等价物是指企业持有的期限短（从购买日起3个月内到期）、流动性强、易于转换成确定金额现金且价值变动风险很小的投资。

6.4.1 现金流量表的结构

现金流量表的结构从大的项目来分有三类：

（1）经营活动产生的现金流量 是指企业经营生产活动（如销售商品、提供劳务、经营租赁、购买商品、接受劳务、交纳税金等），即投资活动和筹资活动以外的所有交易活动和事项产生的现金的流入和流出。

（2）投资活动产生的现金流量 指企业购买长期资产（固定资产、无形资产、在建工程等）和对外投资（不包括在现金等价物范围内的投资）等产生的现金流入和流出。

（3）筹资活动产生的现金流量 指企业接受投资或借入款项（吸收投资、发行股票、借入款项、发行债券）和偿还债务或支付红利（偿还借款、偿还债券、支付利息、分配股利）等活动导致的现金流入和流出。

我国现金流量表采用报告式的结构，分为主表和附表（补充资料）两大部分，主表分别反映了上述三类现金流量，并在最后汇总反映企业某个会计期间现金及现金等价物的净增加额。其格式见表6-5。

表 6-5 现金流量表格式

现金流量表

会企 03 表

编制单位：深尔有限公司　　2019 年 01 月　　单位：元

项　　目	本期金额	上期金额（略）
一、经营活动产生的现金流量		
销售商品、提供劳务收到的现金	55,814.03	
收到的税费返还	1,674.43	
收到的其他与经营活动有关的现金	38.56	
经营活动现金流入小计	57,527.02	
购买商品、接受劳务支付的现金	31,212.86	
支付给职工以及为职工支付的现金	21,092.36	
支付的各项税费	850.23	
支付的其他与经营活动有关的现金	5,946.72	
经营活动现金流出小计	59,102.17	
经营活动产生的现金量净额	−1,575.15	
二、投资活动产生的现金流量		
收回投资所收到的现金		
取得投资收益所收到的现金		
处置固定资产、无形资产和其他长期资产所收回的现金净额		
处置子公司及其他营业单位收到的现金净额		
收到的其他与投资活动有关的现金		
投资活动现金流入小计		
购建固定资产、无形资产和其他长期资产所支付的现金		
投资所支付的现金		
取得子公司及其他营业单位支付和现金净额		
支付的其他与投资活动有关的现金		
投资活动现金流出小计		
投资活动产生的现金流量净额		
三、筹资活动产生的现金流量		
吸收投资所收到的现金		
取得借款所收到的现金		
收到的其他与筹资活动有关的现金		
筹资活动现金流入小计		
偿还债务所支付的现金		
分配股利利润或偿付利息所支付的现金		
支付的其他与筹资活动有关的现金		
筹资活动现金流出小计		
筹资活动产生的现金流量净额		
四、汇率变动对现金及现金等价物的影响		
五、现金及现金等价物净增加额	−1,575.15	
加:期初现金及现金等价物余额	513,336.20	
六、期末现金及现金等价物余额	511,761.05	

会计主管：何某　　　　审核：伍某　　　　制表：周某

附表（补充部分）是现金流量表不可或缺的一部分，其格式见表 6-6。

表 6-6 现金流量表（附表）格式

现金流量表（附表）

编制单位：深尔有限公司　　　　　2019 年 01 月　　　　　　　　　　单位：元

补充资料	本期金额	上期金额（略）
1、将净利润调节为经营活动现金流量		
净利润	−22108.52	
加:计提的资产减值准备		
固定资产折旧、油气资产折耗、生产性生物资产折旧		
无形资产摊销		
长期待摊费用摊销		
处置固定资产、无形资产和其他长期资产的损失(减:收益)		
固定资产报废损失(减:收益)		
公允价值变动损失(减:收益)		
财务费用(减:收益)		
投资损失(减:收益)		
递延所得税资产减少(增加以"−"号填列)		
递延所得税负债增加(减少以"−"号填列)		
存货的减少(减:增加)	6840.23	
经营性应收项目的减少(减:增加)	34164.54	
经营性应付项目的增加(减:减少)	−20471.4	
其他		
经营活动产生的现金流量净额	−1575.15	
2、不涉及现金收支的重大投资和筹资活动		
债务转为资本		
一年内到期的可转换公司债券		
融资租入固定资产		
3、现金及现金等价物净变动情况		
现金的期末余额	1213.85	
减:现金的期初余额	789	
加:现金等价物的期末余额	85000	
减:现金等价物的期初余额	87000	
现金及现金等价物净增加额	−1575.15	

会计主管：何某　　　　　　审核：伍某　　　　　　制表：周某

6.4.2 现金流量表的意义和作用

任何企业的经营管理活动过程都是由现金从始至终贯穿的，从现金到存货、应收账款再到现金的转换，是企业生存和发展的不断循环。企业现金是否运转畅顺关系着企业的生存与发展，保持现金的流入管道与输出管道的均衡，在企业管理上是一个重大的问题。

因此现金流量表的编制对于投资者、企业管理者及其他利益相关者，都具有十分重要的意义和作用。

【现金流量表的意义】

（1）弥补资产负债表信息量的不足

- 资产负债表反映企业资产和负债的"总额""结构""资源"，它是通过对资产、负债、所有者权益三个会计要素的期末余额编制的，而对发生额没有充分的利用，并没有说明一个企业的资产、负债和所有者权益为什么发生变化。

- 根据资产负债表的平衡公式，我们还可以转变成"现金＝负债＋所有者权益－非现金资产"，因此，可以发现，现金的增减变动是受公式右边因素影响的，负债、所有者权益的增加（减少）导致现金的增加（减少），非现金资产的减少（增加），导致现金的增加（减少），这样账簿的资料能够得到充分的利用，现金变动原因的信息得到充分的揭示。

（2）便于从现金流量的角度对企业进行考核

- 对于企业来说，有盈利代表企业经营良好。损益表的利润是根据权责发生制核算出来的，其所体现的利润与现金流量表是不一致的。所得的利润并不代表实际能得到的现金资产，如果有利润而银行户上没有现金资产的收回，缺乏购买与支付能力，再多的利润也会使企业陷于致命的地步，难以挽回。因此，通过损益表不能反映企业现金流量在管理中存在着缺陷。

- 通过编制收付实现制的现金流量表，可以弥补上述缺陷，它通过划分经营活动、投资活动、筹资活动，按类对企业某个会计时期现金流量的流入、流出及流入流出的数额和现金量净额进行了说明，可以很清晰地说明企业的现金从哪里来又用到哪里去了，也对损益表中的利润没有变为现金流量的原因做出了全面合理的评价。

(3) 了解企业筹措现金、获取现金的能力

- 现金好比是企业生存发展过程中的命脉。企业可以通过筹资吸收投资者的投资或者借款借入企业债权人的资金，这两者都会导致企业责任的加重。吸收投资，增加企业受托责任；借入资金，增加资金成本。

- 另一条现金来源的渠道就是企业在自身的经营过程中获取利润，这也是企业现金来源的主要渠道。

- 通过企业经营过程中对各项现金流量的了解，可以知道企业在内外筹措了多少现金，这些现金来源的组成，以及是否按计划将各类现金用到了扩大企业生产规模、购置固定资产、补充流动资金上面，为企业管理层提供重要信息，这些都是资产负债表和损益表所不能提供的。

【现金流量表的作用】

现金流量表的作用主要有以下几点：

- 反映企业的现金流量，对企业未来产生现金流量的能力进行评价。

- 分析企业偿还债务、支付投资利润的能力，评价和判断企业的财务状况。

- 分析净收益与现金流量之间的差异，并据此查找差异产生的原因，对各类原因采取有效的措施，提高现金流入，保持现金流量流入与流出的均衡。

- 通过现金流量表，对企业的现金投资、融资、非现金投资与融资进行分析，全面了解企业的财务状况。

6.4.3 现金流量表的编制

读者在编制现金流量表时一定要现金及现金等价物看做一个整体，在这个整体范围内发生的如银行提取现金、用现金购买短期债券等现金和现金等价物之间的转换不作为现金流量在表中核算。

【现金流量表的编制方法】

现金流量表采用直接法进行编制，也就是说将现金收入来源和现金支出去向的主要类别列示在表中。采用直接法进行现金流量表的具体编制工作时，可以采用工作底稿法和T形账户法，也可以直接根据有关科目记录进行分析后填列。

工作底稿法是指以工作底稿为手段，根据利润表和资产负债表的数据，对每一项目进行分析编制调整分录，再编制出现金流量的方法。

T形账户法同样以利润表和资产负债表为基础，并结合有关科目的记录，对现金流量表的项目进行分析并编制调整分录，再进一步编制现金流量表的方法。

【现金流量主表的具体编制】

现金流量表最主要的内容反映在主表，主表中各主要项目的具体填列方法如下：

（1）销售商品、提供劳务收到的现金

方法一：销售商品、提供劳务收到的现金＝营业收入＋应交税费[应交增值税(销项税额)]＋(应收票据期初余额－应收票据期末余额)＋(应收账款期初余额－应收账款期末余额)＋(预收款项期末余额－预收款项期初余额)－当期计提的坏账准备

方法二：销售商品、提供劳务收到的现金＝营业收入＋应交增值

税(销项税额)＋(未扣除坏账准备前的应收账款期初余额－未扣除坏账准备前的应收账款期末余额)＋收回的以前年度核销的坏账

上述营业收入是指企业销售商品、材料，提供劳务等形成的收入。该项目可以根据"库存现金""银行存款""应收账款""应收票据""预收账款""主营业务收入""其他业务收入"等账户的明细记录分析填列。

（2）收到的税费返还 收到的税费返还＝实际收到的增值税、消费税、所得税、关税、教育费附加返还等款项。

应根据"库存现金""银行存款""税金及附加"等科目资料分析填列。

（3）收到的其他与经营活动有关的现金

收到的其他与经营活动有关的现金＝罚款收入＋接受捐赠现金收入＋经营租赁固定资产收到的现金＋投资性房地产收到的租金收入＋出租和出借包装物的租金收入＋逾期未退还出租和出借包装物没收的押金收入＋流动资产损失中由个人赔偿的现金收入＋除税费返还外的其他政府补助收入等。

应根据"库存现金""银行存款""营业外收入""其他业务收入"等科目记录分析填列。

（4）购买商品、接受劳务支付的现金

购买商品、接受劳务支付的现金＝营业成本＋应交税费[应交增值税(进项税额)]＋(存货期末余额－存货期初余额)＋(应付账款期初余额－应付账款期末余额)＋(应付票据期初余额－应付票据期末余额)＋(预付款项期末余额－预付款项期初余额)－当期列入生产成本、制造费用的职工薪酬－当期列入生产成本、制造费用的折旧费

可以根据"库存现金""银行存款""主营业务成本""应交税费"

"应付账款""应付票据""预付账款""生产成本""制造费用"等科目记录填列。

(5) 支付给职工以及为职工支付的现金

支付给职工以及为职工支付的现金＝生产成本、制造费用、管理费用中职工薪酬＋(应付职工薪酬期初余额－应付职工薪酬期末余额)－[应付职工薪酬(在建工程)期初余额－应付职工薪酬(在建工程)期末余额]

应根据"应付职工薪酬""库存现金""银行存款"等科目记录填列。

(6) 支付的各项税费

支付的各项税费＝当期所得税费用＋(应交所得税期初余额－应交所得税期末余额)＋支付的税金及附加＋应交税费－应交增值税(已交税金)

该项目包括企业本期发生并支付的税费，以及本期支付以前各期发生的税费和本期预交的税费，包括所得税、增值税、消费税、印花税、房产税、土地增值税、车船税、教育费附加、矿产资源补偿费等，但不包括计入固定资产价值、实际支付的耕地占用税，也不包括本期退回的增值税、所得税。

可以根据"应交税费""库存现金""银行存款"账户记录分析填列。

(7) 支付其他与经营活动有关的现金

支付其他与经营活动有关的现金＝支付其他管理费用＋支付的其他销售费用＋支付的其他制造费用＋进行捐赠的现金支出＋罚款支出等

应根据"库存现金""银行存款""管理费用""销售费用""制造费用"等科目的记录分析填列。

(8) 收回投资收到的现金

收回投资收到的现金＝出售、转让或到期收回除现金等价物以外的可供出售金融资产、长期股权投资、交易性金融资产等而收到的现金。

可根据"库存现金""长期股权投资""以公允价值计量且其变动计入当期损益的金融资产""可供出售金融资产"等科目记录分析填列。

(9) 取得投资收益收到的现金

取得投资收益收到的现金＝因股权投资而收到的现金股利＋从子公司、合营企业、联营企业分回利润、现金股利而收到的现金＋因债权性投资而收到的利息

应根据"应收股利""应收利息""投资收益""库存现金""银行存款"等科目的记录分析填列。

(10) 处置固定资产、无形资产和其他长期资产收回的现金

处置固定资产、无形资产和其他长期资产收回的现金＝处置固定资产、无形资产和其他长期资产收回的现金－处置固定资产、无形资产和其他长期资产所发生的现金支出

应根据"固定资产""无形资产""库存现金""银行存款"等账户记录分析填列。

(11) 处置子公司及其他营业单位收到的现金净额

处置子公司及其他营业单位收到的现金净额＝处置子公司及其他营业单位所取得的现金－相关处置费用－子公司及其他营业单位持有的现金和现金等价物

可以根据"长期股权投资""银行存款""库存现金"等科目的记录分析填列。

(12) 收到的其他与投资活动有关的现金

收到的其他与投资活动有关的现金＝其他与投资活动有关的现

金流入

（13）购建固定资产、无形资产和其他长期资产支付的现金

购建固定资产、无形资产和其他长期资产支付的现金＝企业本期购买、建造固定资产、取得无形资产和其他长期资产（如投资性房地产）的价款＋税费＋现金支付的应由在建工程和无形资产负担的职工薪酬

应根据"固定资产""在建工程""工程物资""无形资产""库存现金""银行存款"等科目的记录分析填列。

（14）投资支付的现金

投资支付的现金＝取得除现金等价物以外的交易性金融资产、持有至到期投资、可供出售金融资产、长期股权投资的现金＋支付给券商的佣金、手续费等附加费用

可以根据"交易性金融资产""持有至到期投资""可供出售金融资产""长期股权投资"等科目的记录分析填列。

（15）取得子公司及其他营业单位支付的现金净额

取得子公司及其他营业单位支付的现金净额＝企业购买子公司及其他营业单位支出的现金－子公司及其他营业单位持有的现金和现金等价物

可以根据"长期股权投资""库存现金""银行存款"等科目的记录分析填列。

（16）支付的其他与投资活动有关的现金

支付的其他与投资活动有关的现金＝其他与投资活动有关的现金流出

（17）吸收投资收到的现金

吸收投资收到的现金＝发起人投入的现金＋以发行股票方式筹集的资金实际收到的股款净额

可以根据"实收资本（或股本）""资本公积""库存现金""银行存款"等科目的记录分析填列。

（18）取得借款收到的现金

取得借款收到的现金＝企业举借各种短期、长期借款而收到的现金＋发行债券收入－委托其他单位发行债券所支付的佣金等发行费用

可以根据"短期借款""长期借款""交易性金融负债""应付债券""库存现金""银行存款"等科目的记录分析填列。

（19）收到的其他与筹资活动有关的现金

收到的其他与筹资活动有关的现金＝其他与筹资活动有关的现金流入

（20）偿还债务支付的现金

偿还债务支付的现金＝企业偿还银行、金融机构的借款本金＋偿还债券本金

可以根据"短期借款""长期借款""应付债券"等科目的记录分析填列。

（21）分配股利、利润或偿付利息支付的现金

分配股利、利润或偿付利息支付的现金＝企业实际支付的现金股利＋支付给其他投资单位的利润＋用现金支付的借款利息＋支付的债券利息

可以根据"应付股利""应付利息""在建工程""制造费用""研发支出""财务费用"等科目的记录分析填列。

（22）支付其他与筹资活动有关的现金

支付其他与筹资活动有关的现金＝其他与筹资活动有关的现金流出

（23）汇率变动对现金的影响

汇率变动对现金的影响＝收入的外币现金×(期末汇率－记账汇

率)－支付的外币现金×(期末汇率－记账汇率)

现金流量表准则规定，外币现金流量以及境外子公司的现金流量，应当采用现金流量发生日的即期汇率或即期汇率的近似汇率折算。

以上是现金流量表主表的具体填制方法，附表项目一般都可以直接从相应的会计账户的发生额和余额取得，在此不再详细叙述。

6.5 其他财务报表

财务报表除了在本章中前面所述的资产负债表、损益表、现金流量表外，还包括所有者权益变动表和财务报表附注等，虽然这两个财务报表不是会计工作中必须编制的，但是作为会计人员也应当对它们有所了解。

6.5.1 所有者权益增减变动表

所有者权益变动表又可以叫做股东权益变动表，是资产负债表的附表。它是反映组成企业所有者权益的各个部分当期的增减变动情况的报表。它应当全面反映一定时期所有者权益变动的情况，包括所有者权益总量的增减变动、所有者权益增减变动的重要结构性信息，通过反映直接计入所有者权益的利得和损失，让报表使用者能对所有者权益增减变动的根源准确理解。

【所有者权益变动表的内容和格式】

所有者权益变动表以矩阵的形式列示，分为"本年金额"和"上年金额"两列，包括了所有者权益的来源项目（组成部分）和导致所有者权益变动的交易或事项。所有者权益变动表的格式如表 6-7。

表 6-7 所有者权益变动表格式

所有者权益变动表

会企 04 表

编制单位：深尔有限公司　　　　2019 年度　　　　　　　　　　　单位：元

项　目	本年金额					上年金额（略）					
	实收资本（或股本）	资本公积	减：库存股	盈余公积	未分配利润	所有者权益合计	实收资本（或股本）	资本公积	减：库存股	盈余公积	未分配利润	所有者权益合计
一、上年年末余额	500000.00					500000.00						
加：会计政策变更												
前期差错更正												
二、本年年初余额	500000.00					500000.00						
三、本年增减变动金额（减少以"－"号填列）												
（一）净利润					534945.63	534945.63						
（二）直接计入所有者权益的利得和损失												
1、可供出售金融资产公允价值变动净额								•				
2、权益法下被投资单位其他所有者权益变动的影响												
3、与计入所有者权益项目相关的所得税影响												
4、其他												
上述（一）和（二）小计												
（三）所有者投入和减少资本												
1、所有者投入资本												
2、股份支付计入所有者权益的金额												
3、其他												
（四）利润分配												
1、提取盈余公积												
2、对所有者（或股东）的分配												
3、其他												
（五）所有者权益内部结转												
1、资本公积转增资本（或股本）												
2、盈余公积转增资本（或股本）												
3、盈余公积弥补亏损												
4、其他												
四、本年年末余额	500000.00				534945.63	1034945.63						

【所有者权益变动表的填列方法】

（一）上年年末余额

根据上年年末资产负债表中实收资本（股本）、资本公积、库存股、盈余公积、未分配利润的年末余额填写。

（二）会计政策变更和前期差错更正

会计政策变更，反映企业采用追溯调整法处理的会计政策变更的累积影响金额，前期差错更正反映采用追溯重述法处理的会计差错更正的累积影响金额。

根据"盈余公积""利润分配""以前年度损益调整"等科目的发生额分析填列。

（三）本年增减变动额

1. 净利润

反映企业当年实现的净利润（净亏损）金额，在"未分配利润"栏同时列示。

2. 直接计入所有者权益的利得和损失

反映企业当年直接计入所有者权益的利得和损失金额。

（1）可供出售金融资产公允价值变动净额　指企业持有的可供出售金融资产当年公允价值变动的金额。

（2）权益法下被投资单位其他所有者权益变动的影响　反映企业按照权益法核算的长期股权投资，在被投资单位除当年实现的净损益以外其他所有者权益当年变动中应享有的份额。

（3）与计入所有者权益项目相关的所得税影响　指企业按所得税相关规定应计入所有者权益项目的当年所得税影响金额。

3. 所有者投入和减少资本

（1）所有者投入资本　指企业接受投资者投入形成的实收资本（股本），和资本溢价（股本溢价）。

（2）股份支付计入所有者权益的金额　反映企业处于等待期中的权益结算的股份支付当年计入资本公积的金额。

4. 利润分配

利润分配指企业当年的利润分配金额。

（1）提取盈余公积　填写企业按照规定提取的盈余公积金。

（2）对所有者（或股东）的分配　指企业对所有者（或股东）分配的利润（或股利）的金额。

5.所有者权益内部结转

所有者权益内部结转是指构成企业所有者权益的组成部分之间的增减变动，对企业当年所有者权益总额不产生影响。

（1）资本公积转增资本（或股本）　是企业以资本公积转增资本或股本的金额。

（2）盈余公积转增资本（或股本）　指企业以盈余公积转增资本或股本的金额。

（3）盈余公积弥补亏损　指企业以盈余公积弥补亏损的金额。

（四）本年年末余额，根据上述内容进行加减运算得出。

6.5.2　财务报表附注

财务报表附注是对财务报表的编制基础、编制依据、编制原则和方法及其他主要事项等加以说明，以便于财务报表使用者理解财务报表的内容而编制的。它是对财务报表的补充说明，同样在财务会计报告体系中发挥着重要的作用。

【财务报表附注的内容】

财务报表包括的内容并无确切的规定，针对不同的企业，不同的经营管理者的需要，其内容不同，数据的详细程度不一样。一般来说，报表附注包括的内容有：

（1）企业的一般信息　企业概况、经营范围和企业结构等。

（2）企业的会计政策　企业执行的会计制度、会计期间、记账原则、计价基础、利润分配办法、合并报表的编制方法等内容。

（3）财务报表主要项目附注

① 分行业资料　如果企业的经营涉及不同的行业，而且所涉及行业的收入占到了企业主营业务收入的10%（含10%）以上的，那么，应在附注中提供分行业的有关财务数据。

② 重要事项的披露　主要是指对或有事项、资产负债表日后事项和关联方交易等事项的说明。

【财务报表附注的形式】

财务报表附注的形式，可以根据编制者和使用者的需求灵活运用，主要运用以下几种形式：

（1）括号说明　以简短的内容在财务报表主体内提供补充信息，比较直观，但是由于简短，描述起来不够详尽。

（2）尾注说明　在说明的内容较多的时候使用，也是财务报表附注的主要形式。

（3）脚注说明　对要说明的内容在报表下端描述。

（4）补充说明　编制单独的补充报表，对未在财务报表主体列示的详细数据、资料等进行揭示。

随着报表使用者对财务信息的要求越来越高，财务报表的内容也会越来越复杂，财务报表附注的内容也会越来越多，发挥日益重要的作用。

6.5.3　其他常用企业内部报表

上述资产负债表、损益表、现金流量表、所有者权益增减变动表及财务报表附注均为企业对外提供的依据相关会计法规进行编制的，它们的格式、编制方法等均应按照法规制度严格操作。但各个企业自身特点不同，针对不同的经营模式和管理要求，往往还需要编制很多适合企业内部管理的报表，比如货币资金变动情况表、应收账款月报表、固定资产报表等,在本小节中,笔者将对常用的一些内部报表加以简述。

【货币资金变动情况表】

企业内部管理人员需要对企业每日货币资金的流向、结存等情况进行了解时,企业会计人员(出纳)就可以根据每日库存现金、银行存款和其他货币资金的流动情况,依据"期初余额+本期收入-本期支出=期末余额"的计算依据进行编制。

各企业可以根据管理层的需要结合企业自身的情况进行编制,货币资金变动情况表的一般格式如表6-8所示。

表 6-8 货币资金变动情况表

货币资金变动情况表

编制单位:深尔有限公司　　2019年12月5日　　　　　金额单位:元

项目	银行存款			现金	其他货币资金			合计
	建设银行	工商银行	……		银行本票	银行汇票	……	
昨日账面余额	351300.00			5100.00				356400.00
本日增加金额	26900.00			1300.00				28200.00
其中:营业收入								0.00
融资收入								0.00
账款收回	26900.00							26900.00
投资收回								0.00
其他收进				1300.00				1300.00
本日减少金额	35100.00			500.00				35600.00
其中:营业支出								0.00
归还借款								0.00
归还账款	35100.00							35100.00
投资支出								
内部借款				500.00				500.00
其他支出								0.00
本日账面余额	343100.00			5900.00				349000.00
加:未记账增加								0.00
减:未记账减少								0.00
本日实际余额	343100.00			5900.00				349000.00
备注:								

会计主管:何某　　　复核:伍某　　　出纳:郭某　　　制表:李某

【应收账款常用账表】

在企业日常经济活动过程中,应收账款的周转及收回情况往往是管理层关注的重点,对于应收账款,会计人员经常编制的表格有如下几种。

- 应收账款月报表:反映本月各客户应收账款额度的增减变化情况。示例如表 6-9。

表 6-9 应收账款月报表

应收账款月报表

2019 年 12 月 31 日　　　　　　　　　　　　　　　单位:元

序号	客户名称	月初余额	本月增加	本月减少	月末余额	账款类别
1	仁兴公司	50000.00	20000.00	50000.00	20000.00	
2	康乐公司	30000.00	20000.00	20000.00	30000.00	
3	大发器具厂	70000.00	40000.00	60000.00	50000.00	
……	……	……	……	……	……	……
合计		148690.61	115660.00	135600.00	128750.61	

会计主管:何某　　　　　　复核:伍某　　　　　　制表:李某

- 应收账款账龄分析表:反映企业应收账款的组成情况,据以计算坏账准备,对过长期限的应收账款,采取相应措施,减少坏账损失。示例如表 6-10。

表 6-10 应收账款账龄分析表

应收账款账龄分析表

编制单位:深尔有限公司　　2019 年 12 月 31 日　　　　　单位:元

账龄	仁兴公司		康乐公司		大发器具厂		……		合计	
	金额	比重/%	金额	比重/%	金额	比重/%	金额	比重/%	金额	比重/%
折扣期内	20000.00	100.00%	20000.00	66.67%	40000.00	80.00%			80000.00	80.00%
过折扣期但未到期										
过期 1~30 天			10000.00	33.33%					10000.00	10.00%
过期 31~60 天					10000.00	20.00%			10000.00	10.00%
过期 61~90 天										
过期 91~180 天										
过期 181 天以上										
合计	20000.00	100.00%	30000.00	100.00%	50000.00	100.00%	0.00	0.00%	100000.00	100.00%

会计主管:何某　　　　　　复核:伍某　　　　　　制表:李某

- 问题账款报告书：在某一客户应收账款出现问题时，报批上级主管进行审批，根据审批处理意见对该应收账款进行账处处理（确认坏账损失、继续记应收账款等），表格格式如表6-11。

表6-11 问题账款报告书

问题账款报告书

基本资料栏	客户名称	鸿运电子设备有限公司		
	公司地址		电话	020-81565122
	工厂地址	广州白云区	传真	020-81565123
	负责人	蒋某某	联系人	刘某
	开始往来时间	2006年5月20日	交易项目	A产品
	平均每月交易额	35000.00	授信额度	20000.00
	问题账金额	15000.00		
问题账形成原因		客户资金周转困难，无法还清此款，超额180天。		
处理意见		将款项转做坏账损失，日后若收回再做冲销处理。		
附件明细				

审批：李某　　复核：何某　　报告人：伍某　　日期：2019年10月15日

【固定资产常用账表】

固定资产是企业必要的生产工具，是企业的主要劳动资料，在企业资产中占有极其重要的地位，因此对固定资产进行合理的管理，能使其充分发挥作用。在会计人员日常工作中，对固定资产的管理常通过以下表格来实现。

- 固定资产增加单：对企业取得的固定资产进行登记，留档备查。示例见表6-12。

表6-12 固定资产增加单

固定资产增加单

资产名称	空压机	取得日期	2018年6月28日	资产成本记录		
资产编号	SCQY001	数量	壹台	设备内容	数量	取得成本
规格型号	7.5HP	取得金额	6000.00			6000.00
厂牌		耐用年限	5年			
存放地点	生产车间	残值率	5%			
附属设备		月折旧额	95.00	合计		6000.00
备注						
财产管理部门负责人：		刘某	使用部门负责人：	张某	会计主管：	何某

本单一式三联，白联交由财产管理部门、蓝联交由使用部门、红联递交会计部门。

- 固定资产减损单：对固定资产的毁损减少进行记录。示例如表 6-13。

表 6-13 固定资产减损单

固定资产减损单

申请人	程功	申请部门		生产部	申请日期	2019-1-20
资产名称	电脑服务器			资产编号	BGSB101	
资产原值	8000.00	资产净值		2427.00	购买日期	2005-5-20
资产残值	400.00	账面尚可使用寿命		16个月（此栏由财务部填写）		
附属设施						
减损原因	设备老化,遭雷击后无法修复				估计废品价值	800.00
					处理费用	50.00
处理办法	做固定资产报废处理					
总经理	蒋某	财务核准		何某	财产管理部门负责人	刘某

本单一式三联，一联由财产管理部门留存，一联交会计部，一联由使用部门留存。

- 固定资产累计折旧明细表：反映企业本月固定资产折旧情况。示例如表 6-14。

表 6-14 固定资产累计折旧明细表

固定资产累计折旧明细表

单位名称：深尔有限公司　　2019年12月31日　　　　　　　　　单位：元

序号	资产名称	型号（规格）	类别	单位	数量	购置日期	原价	预计使用年限(年)	残值率(%)	已计提折旧额	本月折旧额	净值
1	电脑	HP	办公设备	台	1	2007.12	3100.00	5	5	1129.00	49.00	1922.00
2	打印机	HP	办公设备	台	1	2007.12	2300.00	5	5	838.00	36.00	1426.00
	……											
			合计									

会计主管：何某　　　　　　复核：伍某　　　　　　制表：李某

本表需按办公设备、机器设备等分类更明。

【预算类常用表格】

随着企业会计由事后反映向事中控制再到事前预算的一个发展过程，预算会计越来越明显的体现出了它的重要作用，在有些企业，已经在会计部门中专门设立了预算会计岗位。下面所提到的表格则是企业日常预算中经常使用到的。

- 财务预算申请表：应由财务部门组织，企业各部门予以配合，将各部门自身所需要的资金数额预算表交由财务部，再由财务部统一填制财务预算申请表。示例如表6-15。

表6-15 财务预算申请表

财务预算申请表

编号：YS001　　　　　　　　2019-1-5　　　　　　　　单位：元

序号	预算项目	上年度实际支出	本年度预算申报金额	用途	说明
1	材料支出	300000.00	350000.00	用于支付生产所需各项主要材料款	本年度预计比上年度生产增长1.1%
2	工资支出	119000.00	123000.00	支付公司所有人员工资	
……					
	合计				
审核意见：					

审批：蒋某　　　　　　　　复核：何某　　　　　　　　制表：伍某

- 年度生产预算表：由销售部门和生产计划部门共同协商填写，示例如表6-16。

表6-16 生产预算表

年度生产预算表

编制部门：生产部　　　　　　2019年1月3日　　　　　　单位：件

	季度预算项目	第一季度	第二季度	第三季度	第四季度	全年
产品A	预计销售量	20000	30000	35000	30000	115000
	加:预计期末库存	5000	5000	5000	5000	20000
	预计需要量	25000	35000	40000	35000	135000
	减:期初库存	3000	3000	3000	3000	12000
	预计生产量	22000	32000	37000	32000	123000
产品B	预计销售量	……				
	加:预计期末库存	……				
	预计需要量	……				
	减:期初库存	……				
	预计生产量	……				

审批：蒋某　　　　　　　　复核：邓某　　　　　　　　制表：刘某

- 年度销售预算表:由销售部门填列,示例如表6-17。

表6-17 年度销售预算表

年度销售预算表

编制部门:销售部　　　　2019年1月3日

销售产品		第一季度	第二季度	第三季度	第四季度	全年
产品A	预计销售量(件)	20000	30000	35000	30000	115000
	销售单价(元)	0.80				
	预计销售额(元)	16000	24000	28000	24000	92000
产品B	预计销售量(件)	……				
	销售单价(元)	……				
	预计销售额(元)	……				
……						
预计销售额合计						

审批:蒋某　　　　　　　复核:李某　　　　　　　制表:李某

- 年度利润预算表:企业各预算表组成一套完整的预算体系,在各部门的预算表编制完成后,由财务部综合编制年度利润预算表。示例如表6-18。

表6-18 年度利润预算表

年度利润预算表

预算编制单位:财务部　　　2019年1月15日　　　　　　单位:元

项目 \ 月份	1月	2月	……	合计
一、主营业务收入	1315690.33	……		
减:主营业务成本	838010.91	……		
税金及附加	53762.13	……		
二、主营业务利润	423917.29	……		
减:管理费用	239141.36	……		
财务费用	3463.86	……		
销售费用	24088.97	……		
三、营业利润	157223.10	……		
加:其他业务利润	0.00	……		
投资收益	0.00	……		
营业外收支净额	268.00	……		
四、利润总额	157491.10	……		
减:所得税	39372.75	……		
五、净利润	118118.35	……		

审批:蒋某　　　　　　　复核:何某　　　　　　　制表:伍某

上述各类企业内部报表，其格式和内容并不是固定的，笔者可结合自身所在企业的特点和管理要求进行格式的变动和内容的删减。

6.5.4 会计报表的装订

会计人员在每月完成会计报表的编制并及时报送后，应将企业留存的报表按月装订成册，妥善保管。装订时应按如下要求进行：

- 在进行会计报表装订前要按编报的目录进行核对，查看所有报表是否齐全；各报表表页是否完整；保持报表页面整洁、防止折角。如有损坏的应将损坏部分粘贴修补之后进行装订。
- 整理好后的会计报表应按会计报表封面—会计报表编制说明—各种会计报表（按报表编号排序）—会计报表封底的顺序进行装订，装订好的凭证按保管期限编制卷号，按年分月妥善保管。

6.6 常见差错点拨

在会计人员进行报表编制的过程中，往往会因为未能较好的掌握理论知识，导致错误的频繁出现，本节中，将对主要财务报表的易错点进行简明叙述，以帮助读者绕过这些误区，做到会计报表的编制准确。

6.6.1 资产负债表编制错误

资产负债表可以提供给报表使用者企业偿债能力、运营能力等信息，这些数据的获取是通过对资产负债表各个项目分析得出，如果资产负债表所提供的信息不完整、不准确，这将直接影响到报表使用者的经营决策。

【错误的原因】

在资产负债表编制过程中，出现错误的原因主要有以下几类：

（1）资产或负债的流动性区分不明

- 资产负债表采用账户式结构，其资产和负债都是根据流动性的大小来进行排列，分为流动资产和非流动资产、流动负债和非流动负债。在实务操作中，往往存在会计人员未能严格分清流动与非流动之间的界限，导致了流动资产或流动负债中的项目列示在了非流动资产或非流动负债中。

- 在这一问题中常易出错的项目有：长期应收款、持有至到期投资、长期应付款、长期借款、短期借款、应付债券等项目的混淆。如在持有至到期投资中若存在一年内到期的投资则应将此笔款项转入流动资产中列示；再如长期借款中如果借款单位在一年内到期的，且企业不能自主地将清偿义务展期的长期借款也应在流动负债项目中列示。

（2）抵消项目和非抵消项目不明确

- 在准则中对抵消与否是有明确的规定的：财务报表中的资产项目和负债项目的金额、收入项目和费用项目的金额不得相互抵消，但其他会计准则另有规定的除外。比如，企业销售产品所得的收入为 50000.00 元，为此发生了销售运费 1000.00，在对这项经济业务反映时，不得将销售收入 50000.00 抵减 1000.00 直接计销售收入 49000.00 元，而应对销售收入和销售费用分别计入。

- 如果以公允价值计量且其变动计入当期损益的金融资产和以公允价值计量且其变动计入当期损益的金融负债同时满足后叙条件的，应当以相互抵消后的净额在资产负债表上列示：企业具有抵消已确认金额的法定权利，且该种法定权利现在是可执行的；企业计划以净额结算，或同时变现该以公允价值计量且其变动计入当期损益的金融资产和清偿该以公允价值计量且其变动计入当期损益的金融负债。比如，企业与长期合作的相关企业签订协议，双方以净额定期结算彼此的债权债务，则会计人员在编制资产负债表时，可依据协议对应收账款或应付账款以净额列示。

- 在资产负债表填列时，有按资产项目扣除减值准备后的净额列示的，不属于抵消项目。

(3) 列示项目的内容计算不完整

- 在进行资产负债表的填列时，大部分是根据总账科目余额直接填列的，但是也存在很多的项目需要根据几个总账科目的余额进行计算填列，如存货项目，就需要根据"原材料""库存商品""委托加工物资""周转材料""材料采购""在途物资""发出商品""材料成本差异"等总账科目期末数进行汇总后，再减去"存货跌价准备"科目余额后的净额填列。因此，在进行报表的编制时，一定要对每个项目的具体填列内容熟知，保证所提供会计信息的准确可靠。

【错误的列示】

出现错误的常见项目如下：

(1) 根据有关明细科目余额进行计算填列的报表项目

- 预付账款项目：根据"预付账款"明细科目的借方余额合计，加上"应付账款"明细科目借方余额合计数填列。
- 预收账款项目：根据"预收账款"明细科目贷方余额合计，加上"应收账款"明细科目贷方余额合计数填列。
- 应付账款项目：根据"应付账款"明细科目贷方余额合计，加上"预付账款"明细科目贷方余额合计数填列。

(2) 根据总账与明细科目的余额分析计算填列的项目

- 长期应收款项目：根据"长期应收款"期末余额减去一年内到期的部分金额、"未实现融资收益"账户期末余额、"坏账准备"账户中长期应收款计提的坏账损失后的金额填列。
- 长期应付款项目：根据"长期应付款"账户期末余额减去一年内到期部分和"未确认融资费用"账户期末余额后填列。
- 长期借款项目：根据"长期借款"科目的期末余额减去一年内到期部分的金额后的余额填列。
- 应付债券项目：根据"应付债券"账户期末余额数减去所属相关明细科目中将于一年内到期的金额后的余额填列。

(3) 根据总账科目与其备抵科目抵消后的净额填列的项目

- 存货项目：本项目应根据"材料采购""在途物资""原材料""库存商品""周转材料""委托加工物资""生产成本"和"劳务成本"等账户的期末余额合计，减去"存货跌价准备"账户期末余额后的金额填列。材料采用计划成本核算以及库存商品采用计划成本或售价核算的小企业，应按加、减材料成本差异或商品进销差价后的金额填列。
- 应收账款项目：根据企业"应收账款"科目所属各明细科目的期末借方余额合计数，减去"坏账准备"科目中有关应收账款计提的坏账准备期末余额后的金额填列。如果"应收账款"科目所属明细科目期末有贷方余额，应在本表右列中的"预收账款"项目内填列。

6.6.2 利润表编制错误

利润表主要分为营业利润、税前利润总额和净利润三部分，其所需填列的项目比资产负债表看上去要少很多，但是在编制过程中还是经常存在着一些错误。

【错误的原因】

会计人员在编制利润表时，导致错误的原因主要有以下几种：

（1）对新准则的利润表格式及填制不了解　我国财政部于2017年12月份财务部发布了财会〔2017〕30号，利润表的项目有所变化，新增了"资产处置收益""其他收益""持续经营净利润"和"终止经营净利润"。

（2）未能正确的理解收入的确认条件　利润的主要来源为企业的各项收入，如果会计人员对收入的确认条件模糊不清，则会导致在编制利润表时，计多或计少收入，从而导致利润表所反映的会计信息失实。企业销售商品时，对同时符合以下5个条件的，确认为收入。

- 企业已经将商品所有权上的主要风险和报酬转移给了购货方。如果一项商品发生的任何损失（贬值、损坏、报废等）均不需要企业承担，且带来的经济利益（商品升值等）也不归企业所有，那么就意味着该商品所有权上的风险和报酬已经转移出了企业。

- 企业既没有保留通常与所有权相联系的继续管理权，也没有对已售出的商品实施有效控制。如果企业商品所有权上的主要风险和报酬转移给买方后，但企业仍然保留了与所有权相联系的继续管理权或者仍然对已售出的商品实施控制，那么对此项销售不能确认销售收入。

- 收入的金额能够可靠的计量。确认收入的基本前提是这项收入能够可靠的计量，如果不能可靠计量的，则该项收入不能确认。

- 相关经济利益很可能流入企业。经济利益是指直接或间接流入企业的现金或现金等价物。如企业销售商品，在确认收入时必须有把握此项货款能够收回，如果该价款收回的可能性不大，则不应确认为收入。

- 相关已发生或将发生的成本能够可靠的计量。如企业收到对方预付的货款，但库存没有现货，商品仍在制造过程，相关的成本不能可靠的计量，这时就不能将所收的货款确认为收入，而应该作为负债处理。

（3）科目运用不熟练 部分会计人员在对会计科目的使用过程中，运用不熟练，导致科目的使用范围不清楚，常常误将应计入此科目的内容错记入彼科目之中，这样会导致费用与资产、收入与费用、所有者权益与负债等之间记录的混淆，导致编制的会计报表内容不准确，误导报表使用者的相关决策。

【错误的列示】

- 按照旧会计准则，主营业务收入和其他业务收入、主营业务支出和其他业务支出分别列示。会计人员要与时俱进，对于新的制度、准则等应尽快地适应更新。在新会计准则中不再分列主业和副业，"营业收入"应根据"主营业务收入"和"其他业务收入"账户的发生额分析填列。"营业成本"根据"主营业务成本"和"其他业务成本"账户的发生额分析填列。

- 分期收款发出商品收入确认错误。分期收款销售商品的，应当按照应收的合同或协议价款的公允价值（通常为合同或协议价款的现值）确定销售商品收入金额。应收的合同或协议价款与其公允价值之间的差额，应当在合同或协议期间内采用实际利率法进行摊销，计入当期损益（冲减财务费用）。

- 资产减值损失的错误处理。会计准则规定，有确凿证据表明资产存在减值迹象的，应当在资产负债表日进行减值测试，估计资产的可收回金额。在新会计准则中，对于各项资产的减值损失不再通过"营业外支出""管理费用""投资收益"等损益科目，而是统一由"资产减值损失"科目来反映，而且对于子公司及联营企业和合营企业的长期股权投资、采用成本模式进行后续计量的投资性房地产、固定资产（包括在建工程）、生产性生物资产、无形资产、商誉等资产计得的减值损失一经确认，以后会计期间内都不得转回。

- 误将接受捐赠的资产价值记入"资本公积"。在新会计准则下，接受捐赠的资产价值的处理上不再通过"资本公积——其他资本公积"科目核算，而是计入"营业外收入——捐赠利得"科目，如接受捐赠时按新会计准则（有企业直接按税法规定）确定的价值，借记"固定资产""无形资产""原材料"等科目，贷记"营业外收入——捐赠利得"科目。

- 附有销售退回条件的商品销售收入确认错误。附有销售退回条件的商品销售，是指购买方依照合同或协议有权退货的销售方式。在这种销售方式下，企业根据以往经验能够合理估计退货可能性并确认与退货相关的负债的，通常应在发出商品时确认收入；企业不能合理估计退货可能性的，通常应在售出商品退货期满时确认收入。

- 销售折让和销售折扣的错误处理。会计人员应分清商业折扣、现金折扣和销售折让的收入确认方式，保证利润表所列示"营业收入"的正确性。商业折扣，直接扣除即可，所以不影响销售商品收入的计量。现金折扣，收入确认时不考虑现金折扣，按合同总价款全额计量收入。当现金折扣以后实际发生时，直接计入当期损益（财务费用）。销售折让，一般情况下，销售折让发生在销售收入已经确认之后，因此，销售折让发生时，应直接冲减当期销售商品收入。

- 无形资产研发阶段的费用确认错误。对于企业自行研究开发项目，应当区分研究阶段与开发阶段分别进行核算，研究阶段的支出应当在发生时全部计入当期损益；开发阶段的支出满足资本化条件时计入无形资产的成本。无法区分研究阶段和开发阶段的支出，应当在发生时作为管理费用，全部计入当期损益。企业自行开发无形资产发生的研发支出，无论是否满足资本化条件，均应先在"研发支出"科目中归集，期末，对于不符合资本化条件的研发支出——费用化支出，转入当期管理费用；符合资本化条件但尚未完成的开发费用，继续保留在"研发支出——资本化支出"科目中，待开发项目完成达到预定用途形成无形资产时，再将其发生的实际成本转入无形资产。

- 混淆所得税费用与当期所得税。在资产负债表债务法下，企业的所得税费用与当期所得税所包含的内容是不一致的，新企业会计准则已经取消了应付税款法，所得税的核算只能采用国际上通行的资产负债表债务法。在资产负债表债务法下，所得税费用由当期所得税（应交所得税）和递延所得税两部分组成。

6.6.3 现金流量表编制错误

目前仍有很多小企业在对外出具会计报表时不需提供现金流量表，大部分地方的税务局仅关心企业税收的上缴；企业的管理层也只将重点放在企业目前有多少资产，每月产生多少利润等问题上，而对现金流量表的作用忽略。上层对现金流量表的忽视也导致了很多会计人员对现金流量表的编制不重视，对报表的编制方法不熟练，产生这样或那样的差错。

【错误的原因】

现金流量表在编制时导致错误的原因主要有：

(1) 对现金流量表编制基础不确定

- 现金流量表准则中规定，现金流量表以现金及现金等价物为基础编制，其中现金包括库存现金、银行存款、其他货币资金，分别与"库存现金"科目、"银行存款"科目、"其他货币资金"科目核算内容基本一致。现金等价物是指企业持有的期限短、流动性强、易于转换为已知金额现金、价值变动风险很小的投资。其中，"期限短"一般是指从购买日起3个月内到期。

- 而不能作为现金及现金等价物的项目有：不能随时用于支付的银行存款不属于现金，如不能随时支取的定期存款等；受到限制的其他货币资金不属于现金，如银行承兑汇票保证金和借款保证金；银行承兑汇票。

- 根据现金流量表准则及其指南的规定，企业应当根据具体情况，确定现金及现金等价物的范围，一经确定不得随意变更。如果发生变更，应当按照会计政策变更处理。

(2) 没有划清"经营活动产生的现金流量""投资活动产生的现金流量"和"筹资活动产生的现金流量"

- 如对于公司与公司之间的借款（即公司向其他非金融机构的企业借款），很多会计人员会将这笔往来资金当作经营活动产生的现金流量，即将借入的款项计入"收到的其他与经营活动相关的现金"，偿还时又将偿还款项计入"支付的其他与经营活动有关的现金"，其实这样是不完全正确的。

- 应按照以下原则，分析后进行填列

集团内部母公司与子公司、子公司与子公司的资金往来均应当作经营活动产生的现金流量，因为这样利于母公司编制合并现金流量表。

企业向其他企业借入的资金，如果金额较大，引起企业的债务规模及构成发生较大变化的，企业可以将借入资金与偿还资金当作筹资活动产生的现金流量；如果借入的资金金额较小，或者企业与关联单位、关系客户的资金往来比较频繁，会导致企业有时是债务人，有时是债权人，企业应将借入资金与偿还资金当作经营活动产生的现金流量。

企业的借入资金无论当作经营活动产生的现金流量还是筹资活动的现金流量，都要注意偿还的口径与借入的口径在填列现金流量表时要一致。

（3）对利息收入、支付的金融机构的手续费划分不清晰

- 对于财务费用中的利息收入、支付的金融机构的手续费，很多会计人员都将其填列在"收到的其他与经营活动有关的现金""支付的其他与经营活动有关的现金"。也有些会计人员将其填列在"收到的其他与筹资活动有关的现金""支付的其他与筹资活动有关的现金"。那么到底应如何计列呢？

- 财务费用中的利息收入、支付的金融机构手续费如果金额较大，为使报表使用者清楚了解，最好将其当作筹资活动的现金流量。另外，集团内母子公司的分类口径应该一致。

（4）对企业代扣代缴的个人所得税及四险一金等列支不明确

- 现金流量表中"支付的各项税费"项目填列的税费必须由企业来承担，而代扣职工的个人所得税不是由企业承担。企业代扣代缴行为与企业不代扣代缴的结果应该是一致的，所以交纳的"个人所得税"不能列入"支付的各项税费"项目，而应列入"支付给职工以及为职工支付的现金"项目。

（5）附表中的"存货的减少（减：增加）"填列不清楚

- 现金流量附表中"存货的减少（减：增加）"正确理解应该为"经营性存货的减少（减：增加）"。所以，企业在填列该项目时，应将非经营性的存货扣除，主要是扣除存货中对外投资、用于在建工程和非生产机构的部分。

【错误的列示】

在编制时，会计人员应避免以下项目的错误：

- 支付给职工以及为职工支付的现金：应留意是否存在支付给在建工程人员的工资、支付离退休人员工资等情形。如果存在，应在"购建固定资产、无形资产和其他长期资产所支付的现金"和"支付的其他与经营活动有关的现金"中列示。

- 支付的各项税费：应查明企业是否有本期退回的增值税、所得税、代扣代缴的个人所得税等情形。如果本期有退回的增值税、所得税，那么应计入"收到的税费返还"栏中。对于代扣代缴的个人所得税等，应计入"支付给职工以及为职工支付的现金""分配股利、利润或偿付利息支付的现金"等相关项目中。

- 分配股利、利润或偿付利息支付的现金：应考虑是否存在为购建固定资产、无形资产和其他长期资产而发生的借款利息资本化部分，融资租入固定资产所支付的租赁费，以及分期销售分期付款时支付的利息。如果存在，则应计入本项目。

6.6.4 财务报表勾稽关系

在判断会计报表的编制是否准确时，会计人员也可以通过对报表间内与报表间的勾稽关系是否正确来判断会计报表编制的准确性。

（1）表内关系 在同一张财务的报表中，各数据之间存在的关系称为表内关系，表内关系如资产负债表中的"资产＝负债－所有者权益"、利润表中的"收入－费用＝利润"等。

（2）表间关系 也就是各财务报表之间的勾稽关系，在某些假设前提和条件下，各报表之间某些项目间可以构成等式。

- 资产负债表与现金流量表：在企业不存在现金等价物的情况下，现金流量表中的"现金及现金等价物净增加额"一般与资产负债表"货币资金"年末数减年初数的差额相等，也就是说现金流量表中的"期初现金及现金等价物余额""期末现金及现金等价物余额"分别等于资产负债表中的"货币资金"的年初余额和期末余额。

- 资产负债表与利润表：资产负债表与利润表之间的勾稽关系存在于本年利润中，利润表中的本年利润累计加上年初未分配利润就是资产负债表中"未分配利润"项的期末数。即资产负债表的未分配利润的年初数＋损益表（即利润表）的净利润累计数＝资产负债表的未分配利润年末数。

- 资产负债表、利润表与现金流量表：在不考虑应交税费中有关税金变动的情况下，利润表中的"营业收入"与现金流量表中的"销售商品、提供劳务收到的现金"以及资产负债表中的"应收账款"等项目之间存在着勾稽关系，即营业收入－应收账款＝销售商品、提供劳务收到的现金；利润表中的"营业成本"与现金流量表中的"购买商品、接受劳务支付的现金"及资产负债表中的"应付账款"项目之间存在着勾稽关系。会计人员在核对时，应把这些勾稽关系存在的前提条件考虑进去。

6.7 小结

虽然目前大部分企业已经实现了会计电算化,但是仍然有不少小企业因为资金和管理的原因仍在运用手工会计做账。

对于手工做账来说,编制会计报表,数据繁多,编制工作量比较大,而且容易出错。除了在日常工作中要保持认真仔细的态度外,会计人员还应讲究有效的工作方法。对于会计报表的准确与否,可以通过各报表之间、报表与账簿之间存在的勾稽关系来核查;另外,在电脑普及的现今社会,就算没有专门的会计核算软件,财务人员也应该尽可能地利用各种办公软件,特别是EXCEL的操作,学会熟练的运用办公软件,对于会计报表完全可以自己编制一套电子报表,这样,既可以提高工作效率,又能简单、快捷而又准确无误地完成各项工作。

从零开始学会计

第7章 完工交验
——报税

　　税务部门是会计人员在工作中需要经常面对的外部单位之一，每月末、每季末和每年末都要按照相关的规定，在指定的时间内将这一期间内的财务报表申报至国家或地方税务局，以此作为国家或地方向企业征收税款的依据。把税务部门作为一个验收企业财务报表，了解企业经营状况的外部单位，那么报税就是将前面所做的各项工作归结成会计报表，然后向税务部门申报纳税的一个过程。

7.1 企业应纳税的种类

在我国，目前实行的税制中一共分为五大类 18 个税种，分别由财政、税务、海关等系统负责征收管理，那么对于众多的税种，会计人员特别是会计新手，面对报税首先要解决的就是该到哪些部门报税，以及到这些部门报何种税的问题。本节将带领读者解决这些问题。

7.1.1 国税应交的税种

【我国现行的税制】

我国现行的税制实体法将各项税收按性质和作用分为五类：

(1) **流转税类** 包括增值税、消费税和关税。

(2) **资源税类** 包括资源税、土地增值税和城镇土地使用税。

(3) **所得税类** 包括企业所得税、个人所得税。

(4) **特定目的税类** 包括固定资产投资方向调节税、筵席税、城市维护建设税、车辆购置税、耕地占用税和烟叶税。其中固定资产投资方向调节税目前暂缓征收。

(5) **财产和行为税类** 包括房产税、车船税、印花税和契税。

上述五大类一共包括 18 个税种，其中关税是由海关负责征收，耕地占用税和契税、地方附加在有些地方由地方财政部门征收外，其他的税种均由税务机关负责征收管理。

【国税应交的税种】

在国税缴纳的主要税种有增值税、消费税、车辆购置税、企业所得税、个人所得税。

企业所得税有的归国税，有的归地税。以 2008 年为基年，2008 年底之前国家税务局、地方税务局各自管理的企业所得税，纳税人不作调整。2009 年起新增企业所得税纳税人中，应缴纳增值税的企业，其企业所得税由国家税务局管理；营改增前应缴纳营业税的企业，其企业所得税由地方税务局管理。

个人所得税的范围是指对储蓄存款利息所得征收的部分。

另外，铁道部门、各银行总行、各保险总公司集中缴纳的营业税、所得税、城市维护建设税、中央企业缴纳的所得税，中央与地方所属企业、事业单位组成的联营企业、股份制企业缴纳的所得税，地方银行、非银行金融企业缴纳的所得税，海洋石油企业缴纳的所得税、资源税、证券交易税等以及中央税的滞纳金、补税、罚款由国家税务局统一征收。

7.1.2 地税应交的税种

在地方税务局系统缴纳的税种有：除去上述各类央企后的地方国有企业、集体企业、私营企业缴纳的企业所得税、城市维护建设税(除去已经在国家税务系统征收管理的部分)、资源税、个人所得税(除去存款利息缴纳的个人所得税外都在地税缴纳)、土地增值税、印花税、城建税、车船使用税、房产税、城镇土地使用税、耕地占用税、契税、屠宰税、筵席税及其地方附加。地方税的滞纳金、补税和罚款也由地方税务系统征收和管理。

7.2 发票的管理

发票是会计人员据以记账的原始凭证之一，按大类可以分为三种：增值税专用发票、普通发票和专业发票，各类发票的使用范围不相同。增值税专用发票限于增值税一般纳税人领购和使用，用来进行销售货物和加工修理修配劳务的结算。因其在企业（纳税人）经济活动中存在着重要的作用，本节将对增值税专用发票的一些规定进行讲述。

7.2.1 发票的领购

增值税专用发票实行的是限量供应、最高开票限额的管理办法。对于已办理税务登记的一般纳税人需要使用发票的，应向税务机关申请领购发票。

【初次办理增值税专用发票的领购】

申请领购增值税专用发票的单位和个人，必须具备一般纳税人资格，非增值税纳税人和根据增值税有关规定确认的增值税小规模纳税人不得领购增值税专用发票。对于初次购买发票的企业，应先凭《统一信用代码证》（副本）向主管税务机关申请领购发票的种类、数量。

- 应提供的资料：《纳税人领购发票票种核定申请审批表》1份、《统一信用代码证》原件及复印件、一般纳税人审批证明、发票专用章印模、购票人身份证原件及复印件、公章、发票专用章、税控盘（或金税盘、或者其他税控设备以及当地主管税务部门需要提供的其他资料。以北京为例：现可以网上申请快递寄送、或者到税务大厅机器购买发票）。

- 审批时限：提供资料完整、各项手续齐全，符合条件的当日或第二个工作日办结。

- 程序：申请人依法提出申请，主管税务机关受理、核准。办理流程示例如图7-1。

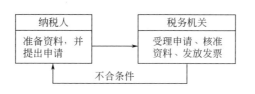

图 7-1　初次申购发票流程

【再次申请领购发票】

再次申请领购发票的，会计人员应确保企业当前发票使用量未超过税局每月限定使用量，凭《发票领购簿》核准的种类、数量以及购票方式，向主管税务部门申请领购。

- 应提供的资料：统一信用代码证、购票人身份证原件、税控盘（或其他税控设备）、发票专用章或者公章，本人到税务大厅购买发票。（或者申请网上票 E 送发票）
- 审批时限：提供资料完整、各项手续齐全、无违章问题，符合条件的当场办结。
- 程序：申请人依法提出申请，主管税务机关受理、审核、核准。办理流程如图 7-2 所示。

图 7-2　续购发票流程

【已申领发票读入税控机】

企业在认购发票后，需要将税控盘中的空白发票信息进行读入，数据读入后系统会弹出包含此次所购发票电子信息的窗口，此时，会计人员应与所购买的纸质发票进行核对，确保纸质发票与防伪税控系统中的电子发票号码、数量保持一致。税控机（防伪税控系统）中发票读入的操作过程如图 7-3 所示。

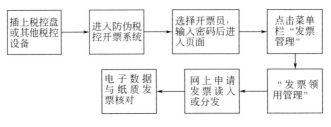

图 7-3　领购发票读入流程

7.2.2　发票的填开

目前增值税专用发票需应用防伪税控开票系统开具，发票的开具应严格按照国家《增值税暂行条例》《增值税专用发票使用规定》等相关规定执行。

【专用发票的开具范围】

一般纳税人销售货物或提供应税劳务的，应向购买方开具专用发票。增值税小规模纳税人不能自行开具增值税专用发票，如果需要开具的，应到当地主管税务机关申请代开（鉴证咨询等可自行开具专用发票的除外）。

不得开具增值税专用发票的范围：商业企业一般纳税人零售的烟酒、食品、服装、化妆品等消费品业务不得开具专用发票；销售免税货物不得开具专用发票。

【专用发票的开具要求】

利用防伪税控系统开具增值税专用发票时需要遵守以下要求：

（1）项目完整，必须按实际的交易来进行开具。

（2）打印清楚，字迹不得压线、错格等。

（3）各联次统一打印，三联（存根联、发票联和抵扣联）数据、内容需保持一致。

（4）按照增值税纳税义务发生的时间开具。

（5）各联次加盖财务专用章或者发票专用章。

【专用发票的开具】

增值税专用发票的开具采用专门的防伪税控开票系统，开票程序如图7-4所示。

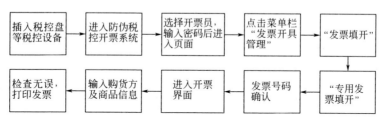

图7-4 专用发票开具程序

在进行开票时应注意以下几点问题。

- 发票号码的确认：确保打印所用的纸质发票号码与开票系统当前发票号码一致。

- 系统进入开票界面后，输入数量单价时，系统默认为不含税价，开票人员应注意含税价与不含税价的转换。

- 各项信息输入完成后，在点击打印前一定要对发票内容认真检查，因为一旦选择打印，则系统自动对所打印的发票进行保存，保存之后对该张发票不能再行更改。

- 一张发票最多只能开具8项商品明细，如果超出8项的，应在"销售货物或者提供劳务清单"内输入。如是附清单的，打印清单时，退出开票界面后再点"发票查询"，选择刚开的发票，单击"清单""打印"即可。

- 开完一张发票后系统会自动跳到下一张空白发票，如果需要退出开票界面，则单击"取消"按钮即可。

开具发票后，如发生销货退回需开红字发票的，必须收回原发票并注明"作废"字样或取得对方有效证明；发生销售折让的，在收回原发票并注明"作废"字样后，重新开具销售发票。

7.2.3 发票的管理

因增值税专用发票在税收管理中起到非常重要的作用，因此国家税法除了对纳税人领购、开具等做了具体规定外，对发票的管理也进行了多项规定，会计人员在日常工作中应谨慎对待增值税专用发票，对不同的情况采取不同的有效措施合理对待。

1. 增值税专用发票丢失、被盗

对被盗、丢失增值税专用发票的，应按规定程序向当地主管税务机关、公安机关报失，将丢失专用发票的纳税人名称、发票份数、字轨号码、盖章与否等情况，统一传（寄）中国税务报社刊登"遗失声明"。同时税务机关可以对丢失、被盗发票的纳税人，按《税收征收管理法》和《发票管理办法》的规定，处以10000元以下的罚款，并可视具体情况，在一定期限内（最长不超过半年）停止纳税人领购专用发票；对纳税人申报遗失的专用发票，如发现有非法代开、虚开问题的，该纳税人应承担偷税、骗税的连带责任。

2. 代开、虚开增值税专用发票

代开、虚开发票的行为都是严重的违法行为。对代开、虚开专用发票的，税务机关应对纳税人代开、虚开的专用发票，不予以抵扣进项税，并按票面所列货物的适用税率全额征补税款，同时按《税收征收管理法》的规定按偷税给予处罚。代开、虚开发票构成犯罪的，按全国人大常委会发布的《关于惩治虚开、伪造和非法出售增值税专用发票的犯罪的决定》处以刑罚。

3. 纳税人善意取得虚开的增值税专用发票处理问题

购货方与销货方发生真实的经济交易，并且购货方对于非法取得的增值税专用发票不知情的，不得抵扣该增值税专用发票的进项税或者不予出口退税，已经抵扣或者取得了出口退税的，应该退回。如果纳税人能够重新取得合法、有效的专用发票，则经过所在地税务机关查证，可以抵扣进项税款或者出口退税。

4. 防伪税控系统增值税专用发票的管理

会计人员在进行扫描、勾选认证时一般会出现："无法认证""认证不符""密文有误""重复认证"和"统一信用代码证号码认证不符（指发票所列购货方统一信用代码证号码与申报认证企业的统一信用代码证号码不符）"五种情况。凡是出现上述情况的，均不得抵扣其票面的进项税额。

属于"无法认证""统一信用代码证号码认证不符"和"认证不符"中的"发票代码号码认证不符（指密文与明文相比较，发票代码或号码不符）"的发票，纳税人应将问题发票的原件退还给销售方，要求销货方重新开具。属于"重复认证"的发票，交由主管税务部门进行查处。属于"密文有误"和"认证不符（不包括发票代码号码认证不符）"的发票，应移交稽查部门处理。

7.3 纳税申报这样做

在前面各章节中，读者了解了从收集原始凭证到出具会计报表的所有过程。不同于前面所述的会计处理，纳税申报更侧重于税务处理这方面，针对不同的税种，会计人员在编制好会计报表的基础上还需要进行各种工作，用以完成纳税申报，缴交税款。

7.3.1 纳税申报前的准备

会计人员在进行纳税申报前，除了需要进行日常会计处理，做好凭证出具会计报表外，同时还应对纳税申报的工作做好前期准备。

【核对销售业务，填开销售发票，确定当期销项税额】

增值税销项发票是企业据以记账，确认当期销售收入的合法凭据，但是在现实的工作中，不像出会计考题，题目一出说销售多少货物，发票也就开出来了。真实的货物交易存在着从合同签订到发货、对方确认、购销双方核对账目，再到开具发票的过程。开票过程又会因各公司的验收程序、账目核对要求不同而不同。

会计人员应当对增值税发票的开具规定以及各客户的开票要求熟知，在保证税务法规的同时结合客户的要求，保证日常工作的正常进行。一般，会计人员应在当月20号前与客户确定开票额度，在月末前开具出当月销项增值税专用发票，这样可以合理的运用手头的空白发票，在发票数量不够的情况下也有充分的时间到税局进行发票领购。

【核对当月购货发票，保证进项发票及时收取】

同货物销项发票的开具一样，企业作为购货人时也应及时根据实际到货、验货情况与供货单位核对账目，确认进项发票的开具金额。企业取得的进项增值税专用发票，需要通过税务机关认证审核通过后，才可以进行税额的抵扣。因防伪税控系统具有很严密的时间设定，企业会计人员一定要认真确认进项发票的开具情况，如果在规定的时间内未收到发票的，一定要及时与供货单位联系，保证发票的及时开具和收取。

【进项发票认证，确定当期进项税额】

认证、抄税、报税是会计人员特别是税务会计每月必做的工作。企业所取得的进项增值税发票必须进行认证后才能进行增值税进项税的抵扣。

发票认证，就是指取得进项税票的企业通过手工输入或采用扫描仪等设备（部分地区已支持网上勾选认证，方便快捷），将增值税专用发票抵扣联的主要信息（如销货、购货方统一信用代码证号码、发票号码、发票代码、发票密文、开票日期、金额、税额等）通过"增值税一般纳税人纳税申报电子信息采集系统"转换成电子信息，再交由国税机关，由国税机关计算机系统进行全国范围的发票比对，以此确定发票真假、数据真实等情况，作为企业进项税抵扣的依据。

增值税专用发票开具 360 天内认证有效，当月认证必须当月抵扣。认证的方法有网上认证和上门认证，网上认证的步骤如下。

注：增值税一般纳税人取得 2017 年 7 月 1 日以后开具的增值税专用发票和机动车销售统一发票，应自开具之日起 360 日内认证或登录增值税发票选择确认平台进行确认，并在规定的纳税申报期内，向主管国税机关申报抵扣进项税额。（国税函【2017】11 号）

第一步：有扫描仪的先将进项税票资料扫描至扫描仪中，操作流程如图 7-5 所示。

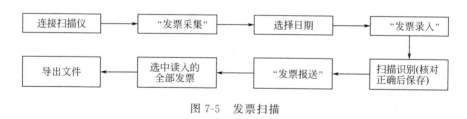

图 7-5　发票扫描

操作人员应记住导出文件所在的路径，便于下一步数据的读取。

第二步：将扫描好的进项数据导入"增值税一般纳税人纳税申报电子信息采集系统"。操作流程如图 7-6 所示。

如果采用手工输入增值税进项票信息，操作流程如图 7-7 所示。

第三步：生成认证文件。步骤如图 7-8 所示。

生成以上认证文件后，如果是网上认证的，纳税人通过宽带接

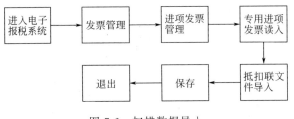

图 7-6 扫描数据导入

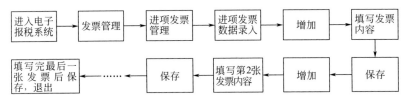

图 7-7 手工输入进项税票数据

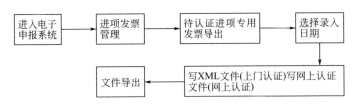

图 7-8 生成认证文件

入等方式连接到互联网，并登录到国税局纳税服务网站，选择纳税服务网站上阳光通道栏目的网上税局，进入"网上税局"后，选择左边导航栏中的"网上认证"按钮即可进入网上认证系统登录页面。按页面提示操作，将生成的认证文件上传至国税局的认证服务器上。

如果是上门认证的，携带增值税进项发票原件、税控盘、公章、统一信用代码证副本原件等资料到国税局认证机或认证窗口认证即可。

第四步：认证结果导入至"增值税一般纳税人纳税申报电子信息采集系统"。

企业从网上下载认证结果或者上门认证取得认证结果后，应当将认证结果导入至电子报税系统,做为之后生成纳税报表的进项税额依据。操作过程如图 7-9 所示。

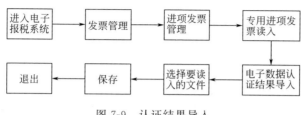

图 7-9 认证结果导入

进项票的认证工作可于日常进行,但必须在月末前结束,当月认证的发票必须当月抵扣进项税,同一份发票不能跨月重复认证。同时,网上认证的企业需要注意,同一份发票如果存在网上认证 2 次后仍不能认证通过的情况,需携带发票及认证文件进行前台认证。

部分地区比如北京已经实行网上勾选认证,只要符合信用等级要求的纳税人均可使用税控盘,自行在网上操作勾选认证,值得一提的是,认证期限不再局限于月底,在会计报税前均算做当期进项。

【抄税,保证报税工作的正常进行】

抄税,是指开票单位将防伪税控系统中开具的增值税发票信息上传至税务部门进行比对,系统登录开票,进行"上传"或者"网上抄报",在上传或抄报完成后,会计网上报税时,与税务系统进行比对,通过后方可操作"反写"或"清卡"。(现如今,征期内登录税控软件,自动抄税处理)

抄税的工作在"防伪税控开票系统"中进行,操作过程如图 7-10 所示。

图 7-10 抄税处理

抄税于每月月初进行，只有抄税后才能进行报税工作。无论企业上月是否购买或开具了税控发票，都必须在抄报税期内执行"抄税"操作，并在指定期间内完成报税并反写清卡，否则税控过税期将被锁死，须去税务局解锁并罚款，甚至被注销税控。

【计算各项应缴税金】

在进行完上述进项发票认证、销项发票抄税工作后，需对企业应缴的各项税金进行计提，与此同时进行会计处理，编制好财务报表，做好纳税申报的各项准备。我国税种的具体类别已在本章第 7.1 节中有所概述，各企业应针对自身应交的税金做好税金的计提工作。常缴的税种计算方法如下。

(1) 增值税的计算　当期应纳税额＝当期销项税额－当期进项税额

(2) 消费税的计算　应纳税额＝应税消费品的销售额×比例税率

应纳税额＝应税消费品的销售数量×定额税率

应纳税额＝应税销售数量×定额税率＋应税销售额×比例税率

(3) 城建税的计算　应纳税额＝纳税人实际缴纳的增值税、消费税×适用税率

(4) 教育费附加的计算　应纳税额＝纳税人实际缴纳的增值税、消费税×适用税率

(5) 堤围费的计算　应纳税额＝当期销售收入或营业收入×适用税率

(6) 企业所得税的计算　应纳税额＝应纳税所得额×适用税率－减免税额－抵免税额

(7) 个人所得税的计算　应纳税额＝应纳税所得额×适用税

率－速算扣除数

正常月份，大部分企业只需考虑计算增值税、城建税、堤围费、教育费附加、代扣代缴个人所得税等税金，但个别月份如季度、年末结束应计算缴纳企业所得税。根据企业性质不同、各地税务机关要求不同按不同的时间缴交不同的税种。

7.3.2 纳税申报的对象和期限

纳税申报是纳税人在发生纳税义务后按照税法规定的期限和内容向主管税务机关提交纳税资料、缴纳税款的法律行为。

【纳税申报的对象】

纳税申报的对象是指按照国家法律、行政法规的规定，负有纳税义务的纳税人或者是负有代扣代缴义务的扣缴义务人。概括来说，主要包括以下对象：

（1）应当正常履行纳税义务的纳税人　在正常情况下，依法已经向国家税务机关办理税务登记的纳税人必须按税收法律、行政法规规定的申报期限、申报内容如实办理纳税申报。

（2）应当履行扣缴税款义务的扣缴义务人　扣缴义务人必须依照法律、行政法规的规定或者税务机关依照法律、行政法规的规定确定的申报期限、申报内容如实报送代扣代缴、代收代缴税款报告表以及税务机关根据实际需要要求扣缴义务人报送的其他有关资料。

（3）享受减税、免税待遇的纳税人　纳税人享受减税、免税待遇的，在减税、免税期间也应当按照规定办理纳税申报手续，填报纳税申报表，以便于进行减免税的统计与管理。

（4）按规定不需要办理税务登记及应当办理而未办理税务登记的纳税人。

（5）国家税务机关确定的委托代征人。

【纳税申报的期限】

会计人员应按各税种规定的期限进行申报，否则会给企业带来缴交滞纳金及罚款等损失，也同时会影响企业的纳税形象及打乱企业的日常税务工作。

各税种的申报期限如下：

(1) 缴纳增值税、消费税的纳税人，以1个月或者1个季度为一期纳税的，于期满后15日内申报，以1日、3日、5日、10日、15日为一期纳税的，自期满之日起5日内预缴税款，于次月1日起至15日内申报并结算上月应纳税款。

(2) 缴纳企业所得税的纳税人应当在月份或者季度终了后十五日内，向其所在地主管国家税务机关办理预缴所得税申报。

(3) 其他税种，大多也是在次月15日内申报结算，各地主管税务机关要求不同。

(4) 税法已明确规定纳税申报期限的，按税法规定的期限申报。税法未明确规定纳税申报期限的，按主管国家税务机关根据具体情况确定的期限申报。

(5) 纳税人办理纳税申报的期限最后一日，如遇公休、节假日的，可以顺延。会计人员应随时留意各地主管税局的通知。

7.3.3 纳税申报的内容

纳税申报的内容指纳税申报或者代扣代缴、代收代缴税款提交的各种报表及与纳税有关的资料或证件。

【纳税申报的内容】

前面所做的各项工作（纳税申报前的准备工作及会计账务处理工作）已经为纳税申报做好了准备，但是前面所做的会计报表（资产负债表、损益表、现金流量表等）只是记录企业财务状况和经营成果的报表，还不能作为税务机关征收税款的依据，企业应根据申报的不同填制各种对应的纳税申报表。

纳税人办理纳税申报时，以"深尔有限公司"为例，其属于增值税一般纳税人，于每月办理纳税申报时应报送的资料如下：

(1) 增值税（消费税）申报表 它由国家税务局统一上传至国税软件系统，纳税人征期内自行下载征期后，自行填写上传比对。

深尔有限公司于月初应报送的纳税申报表包括：增值税纳税申报表（主表连同附列资料一起9份）；应交增值税报表。

(2) 附加税申请表 它是由国家税务局代地方税务局征收的税目，可直接在国税系统填写上传，后在地税划款或打印缴款单，或者直接在地税软件填写申报并交款。

(3) 其他纳税资料 比如地方税务局征收个人所得税时需要提供的企业工资表、个人所得税汇总报告表等。

扣缴义务人纳税申报时，要报送的资料有：

(1) 代扣代缴、代收代缴税款报告。

(2) **其他有关资料** 如与代扣代缴、代收代缴税款有关的经济合同、协议书、公司章程等。

【纳税申报表的填制】

增值税一般纳税人应采用"国税办税软件（网上报税系统）"进行纳税申报，通过"国家税务局网上办税大厅或勾选认证"软件汇总企业销售数据和可抵扣的凭证、其他发票资料以及相关的税务凭证，作为纳税申报的基本数据，再加上相关的税款缴纳和抵扣或免、抵、退税的相关信息，形成纳税申报资料。

"国税办税软件（网上报税系统）"需要操作的内容主要为销项数据的操作和进项数据的操作，通过销项和进项数据生成各种申报表。该系统生成的申报表包括：

(1) **主表** 增值税纳税申报主表。

(2) **附表一** 本期销售情况明细。

(3) **附表二** 本期进项税额明细。

(4) **附表三** 本期服务、不动产和无形资产扣除项目明细。

(5) **附表四** 本期税额抵减明细表。

(6) **附表五** 本期不动产分期抵扣计算表。

(7) **附表六** 本期增值税减免税申报明细表。

(8) 固定资产（不含不动产）进项税额抵扣情况表。

(9) 其他选填表。例：成品油进销存报表（只针对有成品油销售的企业）。

【纳税申报报税系统的使用】

"国家办税软件"的使用流程如图7-11所示。

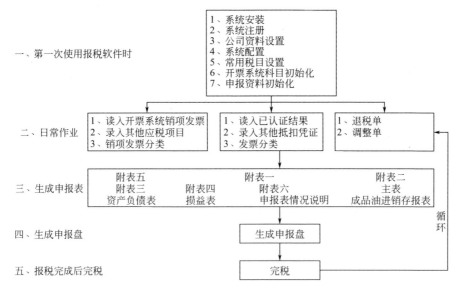

图 7-11 电子报税系统使用流程

针对"增值税一般纳税人纳税申报电子信息采集系统"主要的日常操作步骤简述如下：

一、销项数据管理

(1) 企业开具销项税票读入，操作过程如图 7-12 所示。

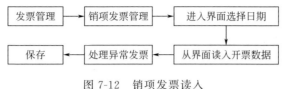

图 7-12　销项发票读入

注意：读取开票数据时，应将防伪税控系统开启并进入发票查询当月的界面。

(2) 补录读入修复。

(3) 其他应税项目录入。

(4) 销项发票分类：区分免税或应税（系统默认为一般应税货物）。

二、进项数据的管理

(1) 进项发票的读入，操作如本章第 7.3 节 "【进项发票认证，确定当期进项税额】" 中所述。

(2) 录入其他扣税凭证，如海关完税凭证、农产品发票、废旧物资发票、运输业专用发票等。

三、生成纳税申报表

进行完上述所有的发票及报税凭证的录入并分类完成后，即可以开始生成报表。报税系统中各纳税报表的生成顺序为表五、表一至表六、主表、成品油报表、资产负债表、损益表，最后为申报情况说明。

其中表二及主表部分内容、资产负债表和损益表需要手工输入外，其他表一至表六均为系统自动生成。注意各类报表生成后一定要点击"保存""审核"后方可退出。

7.3.4　一般纳税人申报表的具体填列

在本章前面的小节中，对增值税一般纳税人的申报已经讲明：需要通过"增值税一般纳税人纳税申报电子信息采集系统"进行纳税申报，虽然大部分报表由系统自动生成，但会计人员还是必须对报表的组成项目及其填列方法有所了解，本小节将对该系统中的主要报表的具体填列一一进行描述。

一、增值税纳税申报表主表

《增值税纳税申报表（适用于一般纳税人）》，是汇总反映企业申报会计期间内进项、销项税额，并计算企业当期应缴纳税款，以及反映企业当期实际缴纳、当期欠缴税款等项目的列表。

【《增值税纳税申报表（适用于一般纳税人）》格式】

申报表主表通过三大项目、38栏明细项目反映企业申报期间及本年累计的销售额、税款计算及税款缴纳的情况，其具体格式见表 7-1。

【《增值税纳税申报表（适用于一般纳税人）》具体填列】

（1）"税款所属时间" 指纳税人申报的增值税应纳税额的所属期间，应具体起止的年、月、日。

（2）"填表日期" 应填写纳税人填写本表的具体日期，一般是申报所属期次月的十五号以前；

（3）"所属行业" 填写企业在国民经济行业分类与代码中所属的最小类别。

（4）"纳税人识别号、登记注册类型" 分别填列税务机关为纳税人确定的税务登记证号码和税务管理码。

（5）"纳税人名称" 填写纳税人单位名称的全称，不得采用简称填写。

（6）"法人姓名" 填写纳税人法定代表人的姓名。

（7）"生产经营地址" 按纳税人税务登记证所注明的详细地址填写。

表 7-1 增值税纳税申报表（适用于一般纳税人）格式

增值税纳税申报表
（一般纳税人适用）

根据国家税收法律法规及增值税相关规定制定本表。纳税人不论有无销售额，均应按税务机关核定的纳税期限填写本表，并向当地税务机关申报。

税款所属时间：自 2019 年 8 月 1 日至 2019 年 8 月 31 日　　填表日期：2019 年 9 月 13 日

金额单位：元至角分

统一信用代码证号码						所属行业：	
纳税人名称		（公章）	法定代表人姓名		注册地址		生产经营地址
开户银行及账号			登记注册类型			电话号码	

	项　目	栏次	一般项目		即征即退项目	
			本月数	本年累计	本月数	本年累计
销售额	（一）按适用税率计税销售额	1				
	其中:应税货物销售额	2				
	应税劳务销售额	3				
	纳税检查调整的销售额	4				
	（二）按简易办法计税销售额	5				
	其中:纳税检查调整的销售额	6				
	（三）免、抵、退办法出口销售额	7			—	—
	（四）免税销售额	8			—	—
	其中:免税货物销售额	9			—	—
	免税劳务销售额	10			—	—
税款计算	销项税额	11				
	进项税额	12				
	上期留抵税额	13			—	—
	进项税额转出	14				
	免、抵、退应退税额	15				
	按适用税率计算的纳税检查应补缴税额	16				
	应抵扣税额合计	17＝12＋13－14－15＋16			—	—
	实际抵扣税额	18（如 17＜11，则为 17，否则为 11）				
	应纳税额	19＝11－18				
	期末留抵税额	20＝17－18			—	—
	简易计税办法计算的应纳税额	21				
	按简易计税办法计算的纳税检查应补缴税额	22				
	应纳税额减征额	23				
	应纳税额合计	24＝19＋21－23				
税款缴纳	期初未缴税额（多缴为负数）	25				
	实收出口开具专用缴款书退税额	26				
	本期已缴税额	27＝28＋29＋30＋31				
	①分次预缴税额	28			—	—
	②出口开具专用缴款书预缴税额	29				
	③本期缴纳上期应纳税额	30				
	④本期缴纳欠缴税额	31				
	期末未缴税额（多缴为负数）	32＝24＋25＋26－27				
	其中:欠缴税额（≥0）	33＝25＋26－27				
	本期应补(退)税额	34＝24－28－29				
	即征即退实际退税额	35				
	期初未缴查补税额	36			—	—
	本期入库查补税额	37				
	期末未缴查补税额	38＝16＋22＋36－37				

授权声明	如果你已委托代理人申报，请填写下列资料： 为代理一切税务事宜，现授权　　　　（地址） 为本纳税人的代理申报人，任何与本申报表有关的往来文件，都可寄予此人。 授权人签字：	申报人声明	本纳税申报表是根据国家税收法律法规及相关规定填报，我确定它是真实的、可靠的、完整的。 声明人签字：

主管税务机关：　　　　　接收人：　　　　　接收日期：

（8）"营业地址"　填写纳税人营业地的详细地址。

（9）"开户银行及账号"　按企业开户银行（一般账户）的名称和账户号码填写。

（10）"企业登记注册类型"　按税务登记证上所注内容填写。

（11）"电话、传真"　填写企业注册地和经营地的电话和传真号码。

（12）"一般货物及劳务"栏　指的是除享受即征即退的货物及劳务以外的其他货物及劳务。

（13）"即征即退货物及劳务"栏　反映企业按照税法规定享受即征即退优惠政策的货物及劳务的内容。

（14）第1栏"按适用税率征税货物及劳务销售额"　填写纳税人本期按适用税率缴纳增值税的应税货物和应税劳务的销售额（销售退回的销售额用负数表示）。包括在财务上不做销售但按税法规定应缴纳增值税的视同销售货物和价外费用销售额，外贸企业作价销售进料加工复出口的货物，税务、财政、审计部门检查按适用税率计算调整的销售额。

本月数＝（本期按适用税率缴纳增值税的应税货物的销售额－本期销货退回的销售额）＋应税劳务的销售额＋视同销售的适用税率货物销售额＋增值税价外费用＋外贸企业作价销售应纳进料加工复出口的货物销售额＋出口不予退免税货物销售额＋（免抵退办法出口货物超过备案期单证不齐先做入库销售额－清算期内收齐单证销售额）＋税务、财政、审计部门检查调整本年或以前年度适用税率计算的销售额。

第1栏＝第2栏＋第3栏＋第4栏。"一般货物及劳务"的"本月数"与"即征即退货物及劳务"的"本月数"之和，应等于《增值税纳税申报表附列资料（表一）》第7栏的"小计"中的"销售额"数。

本年累计＝本年度各月数据之和。

（15）第 2 项"应税货物销售额" 填写纳税人本期按适用税率缴纳增值税的应税货物的销售额（销售退回的销售额用负数表示）。包括在财务上不作销售但按简洁规定应缴纳增值税的视同销售货物和价外费用销售额，以及外贸企业作价销售进料加工复出口的货物。

本月数＝16％应税货物销售额－销货退回销售额＋视同销售适用税率货物销售额＋增值税价外费用＋外贸企业作价销售应纳进料加工复出口的货物销售额＋出口不予免、退税货物销售额＋（免抵退办法出口货物超过 6 个月备案期未收齐单证视同内销货物计算征税销售额－清算期内收齐单证销售额）＋纳税人自查调整本年或以前年度按适用税率计算的销售额。

"一般货物及劳务"的"本月数"与"即征即退货物及劳务"的"本月数"栏数据之和，应等于《增值税纳税申报表附列资料（表一）》第 5 栏的"应税货物"中 16％税率"销售额"的合计数。

本年累计＝本年度各月数据之和。

（16）第 3 项"应税劳务销售额" 填写纳税人本期按适用税率缴纳增值税的应税劳务的销售额。

本月数＝本期按适用税率缴纳增值税的应税劳务的销售额＋纳税人自查调整的应税劳务销售额。

"一般货物及劳务"的"本月数"与"即征即退货物及劳务"的"本月数"之和，应等于《增值税纳税申报表附列资料（表一）》第 5 栏的"应税劳务"中的"销售额"数。

本年累计＝本年度各月数据之和。

（17）第 4 项"纳税检查调整的销售额" 填写纳税人本期收

到税务、财政、审计部门检查处理决定后，按适用税率计算调整的应税货物和应税劳务的销售额。对于享受即征即退税收优惠政策的货物及劳务经税务稽查发现偷税的，应将本部分销售额在"一般货物及劳务"栏中填写，不在"即征即退货物及劳务"内反映。

本月数＝税务、财政、审计部门检查按16%计算调整的应税货物销售额＋调整的应税劳务销售额＋检查调整即征即退销售额及劳务

"一般货物及劳务"的"本月数"与"即征即退货物及劳务"的"本月数"之和，应等于《增值税纳税申报表附列资料（表一）》第6栏"小计"中的"销售额"。

本年累计＝本年度各月数据之和。

(18) 第 5 项"按简易征收办法征税货物销售额" 按纳税人本期按简易征收办法征收增值税货物的销售额填写。本期收到的财政、税务、审计部门检查处理的决定中，按简易征收办法计算调整的销售额也在此栏中反映。

"一般货物及劳务"的"本月数"与"即征即退货物及劳务"的"本月数"之和，应等于《增值税纳税申报表附列资料（表一）》第14栏"小计"中的"销售额"数。

本年累计＝本年度各月数据之和。

(19) 第 6 项"其中：纳税检查调整的销售额" 填写本期纳税人收到税务、财政、审计部门检查处理决定后，按简易征收办法计算调整的销售额，享受即征即退优惠政策的货物及劳务经税务稽查发现偷税的，填写在"一般货物及劳务"栏中，而不在"即征即退货物及劳务"中反映。

"一般货物及劳务"的"本月数"与"即征即退货物及劳务"的"本月数"之和，应等于《增值税纳税申报表附列资料（表一）》第

13栏"小计"中的"销售额"数。

本年累计＝本年度各月数据之和。

（20）第7项"免、抵、退办法出口货物销售额" 按纳税人本期执行免、抵、退办法出口货物的销售额填写，如果为销售退回的话，用负数填写。

本月数＝当期免抵退出口货物实际销售额＝当期《生产企业出口货物免抵退税申报汇总表》2a栏"当期免抵退出口货物销售额"。

本年累计＝本年度各月数据之和。

（21）第8项"免税货物及劳务销售额" 填写纳税人本期按照税法规定直接免征增值税的货物及劳务的销售额及适用零税率的货物及劳务的销售额，同样，销货退回的销售额用负数表示。本栏数据不包括第7项中的适用免、抵、退办法出口货物的销售额。

本月数＝内销免征增值税货物销售额＋免征增值税劳务销售额＋外贸企业、生产企业免税出口货物销售额＋外商投资企业国内转厂货物销售额＋来料加工复出口加工费＋免税出口劳务销售额。

第8栏＝第9栏＋第10栏。"一般货物及劳务"的"本月数"应等于《增值税纳税申报表附列资料（表一）》第18栏的"小计"中的"销售额"数。

本年累计＝本年度各月数据之和。

（22）第9项"免税货物销售额" 是指纳税人本期按照税法规定直接免征增值税货物的销售额及适用零税率货物的销售额（销售退回的销售额用负数表示），不包含适用免、抵、退税办法出口货物的销售额。

本月数＝本期内销免征增值税货物销售额＋外贸企业、生产企业免税出口货物＋外商投资企业国内转厂货物销售额。

"一般货物及劳务"的"本月数"应等于《增值税纳税申报表附列资料（表一）》第 18 栏"免税货物"中的"销售额"。

本年累计＝本年度各月数据之和。

（23）第 10 项"免税劳务销售额" 填写企业本期按照税法规定直接免征增值税劳务的销售额及适用零税率劳务的销售额（销售退回的销售额用负数表示）。

本月数＝本期内免征增值税劳务销售额＋免税出口劳务销售额＋来料加工复出口加工费。

"一般货物及劳务"的"本月数"应等于《增值税纳税申报表附列资料（表一）》第 18 栏"免税劳务"中的"销售额"数。

本年累计＝本年度各月数据之和。

（24）第 11 项"销项税额" 填写纳税人本期按适用税率计征的销项税额。

本月数＝第 1 栏"按适用税率征税货物及劳务销售额"×适用税率＝"应交税费——应交增值税"明细科目贷方"销项税额"专栏本期发生数。

"一般货物及劳务"的"本月数"与"即征即退货物及劳务"的"本月数"之和，应等于《增值税纳税申报表附列资料（表一）》第 7 栏"小计"中的"销项税额"数。

本年累计＝本年度各月数据之和。

（25）第 12 项"进项税额" 为企业本期申报抵扣的进项税额。

本月数＝一般货物及劳务本期申报抵扣的符合抵扣规定的扣税凭证上注明的税额＋按销售比例计算分配的一般货物及劳务的进项税额＝"应交税费——应交增值税"借方"进项税额"明细科目专栏本期发生额。

一般货物及劳务（即征即退货物及劳务）应分配的进项税额＝无法划分的进项税额×当月一般货物及劳务销售额（当期即征即退货物及劳务销售额）/当期全部销售额合计。

"一般货物及劳务"的"本月数"与"即征即退货物及劳务"的"本月数"之和，应等于《增值税纳税申报表附列资料（表二）》第12栏中的"税额"数。

本年累计＝本年度各月数据之和。

(26) 第13项"上期留抵税额" 为纳税人上一申报期间的本报表中的"期末留抵税额"数。

本月数＝上期报表第20栏"期末留抵税额"本月数＝"应交税费——应交增值税"明细科目的借方月初余额。

(27) 第14项"进项税额转出" 填写企业已经抵扣但按照税法规定应作进项税转出的进项税额的总数，但销售折扣、折让、销货退回等应负数冲减的当期进项税额不包含在此栏。

一般货物及劳务（即征即退货物及劳务）应转出的进项税额＝无法划分的应转出进项税额×当月一般货物及劳务销售额（当月即征即退货物及劳务销售额）/当月全部销售额合计。

本月数＝能够准确划分的进项税额转出数＋按销售比例计算应转出的进项税额＝"应交税费——应交增值税"明细科目贷方的"进项税额转出"本期发生额。

"一般货物及劳务"的"本月数"与"即征即退货物及劳务"的"本月数"之和，应等于《增值税纳税申报表附列资料（表二）》第13栏中"税额"数。

本年累计＝本年度各月数据之和。

(28) 第15项"免、抵、退货物应退税额" 填写退税机关按照出口货物免、抵、退办法审批的应退税额。

本月数＝上期《生产企业出口货物免抵退税申报汇总表》中"当期应退税额"数据。

本年累计＝本年度各月数据之和。

(29) 第 16 项"按适用税率计算的检查应补税额" 填写税务、财政、审计部门检查按适用税率计算的纳税检查应补缴税额。

本月数＝本月收到税务、审计、财政等部门发生的处理决定书上注明按适用税率应补缴的销项税额和注明的应调减的进项税额数＝附表一第 6 栏"纳税检查调整"销项税额小计＋附表二第 19 栏"纳税检查调减进项税额"。

本年累计＝本年度各月数据之和。

(30) 第 17 栏"应抵扣税额合计" 填写纳税人本期应抵扣进项税额合计数。

本月数＝第 12 栏"进项税额"＋第 13 栏"上期留抵税额"－第 14 栏"进项税额转出"－第 15 栏"免抵退货物应退税额"＋第 16 栏"按适用税率计算的纳税检查应补缴税额"。

(31) 第 18 栏"实际抵扣税额" 填写纳税人本期实际抵扣的进项税额。

当第 17 栏"应抵扣税额合计"本月数≤第 11 栏"销项税额"本月数，那么本月数＝第 17 栏"应抵扣税额合计"中"本月数"，期末留抵税额为零；如果第 17 栏"应抵扣税额合计"本月数≥第 11 栏"销项税额"本月数，"实际抵扣税额"本月数＝主表第 11 栏"销项税额"的"本月数"，存在期末留抵税额。

本年累计＝本年度各月数据之和。

(32) 第 19 栏"应纳税额" 填写本期按适用税率计算并应缴纳的增值税额。

反映正常一般货物及劳务销售的应纳税额，不包括查补应补缴入库的税款。

本月数＝第 11 栏"销项税额"－第 18 栏"实际抵扣税额"。

本年累计＝本年度各月数据之和。

(33) 第 20 栏"期末留抵税额" 为纳税人在本期销项税额中尚未抵扣完，留待下期继续抵扣的进项税额。

当第 17 栏"应抵扣税额合计"≥第 11 栏"销项税额"时，第 18 栏"实际抵扣税额"＝第 11 栏"销项税额"，则本期存在期末留抵税额，本月数＝第 17 栏"应抵扣税额合计"－第 18 栏"实际抵扣税额"。

(34) 第 21 栏"简易征收办法计算的应纳税额" 填写纳税人本期按简易征收办法计算并应缴纳的增值税额，但不包括按简易征收办法计算的纳税检查应补缴税额。

本月数＝(第 5 栏－第 6 栏)×适用税率。

"一般货物及劳务"的"本月数"数据与"即征即退货物及劳务"的"本月数"数据之和，应等于《附表一》第 12 栏的"小计"中的"应纳税额"数据。

本年累计＝本年度各月数据之和。

(35) 第 22 栏"简易征收办法计算的查补应纳税额" 填写本期纳税人因税务、财政、审计部门检查并按简易征收办法计算的纳税检查应补缴税额。

本月数＝本月收到税务、审计、财政等部门发出的处理决定书上注明的按简易征收办法计算的纳税检查应补缴税额数。

"一般货物及劳务"的"本月数"与"即征即退货物及劳务"的"本月数"之和，应等于《附表一》第 13 栏的"小计"中的"应纳税额"数。

本年累计＝本年度各月数据之和。

(36) 第 23 栏 "应纳税额减征额" 填写纳税人本期按照税法规定减征的增值税应纳税额。

本月数＝按适用税率征收货物及劳务计算的应纳税额减征额＋按适用的征收率征收办法征税货物计算的应纳税减征额。

本年累计＝本年度各月数据之和。

(37) 第 24 栏 "应纳税额合计" 填写纳税人本期应缴纳的增值税的合计数。

本月数＝第 19 栏 "应纳税额" ＋第 21 栏 "按简易征收办法计算的应纳税额" －第 23 栏 "应纳税额减征额"。

本年累计＝本年度各月数据之和。

(38) 第 25 栏 "期初未缴税额（多缴为负数）" 填写上一申报期纳税人申报表中的 "期末未缴税额（多缴为负数）" 栏数据。

(39) 第 26 栏 "实收出口开具专用缴款书退税额" 填写纳税人本期实际收到税务机关退回的，因开具《出口货物税收专用缴款书》而多缴的增值税款。

本月数＝"应交税费——未交增值税" 明细科目贷方发生额中 "收到税务机关退回的多缴增值税款" 数据。

本年累计＝本年度各月数据之和。

(40) 第 27 栏 "本期已缴税额" 指纳税人本期实际缴纳的增值税额，但不包括本期入库的查补税款。

本月数＝第 28 栏 "1.分次预缴税额" ＋第 29 栏 "2.出口开具专用缴款书预缴税额" ＋第 30 栏 "3.本期缴纳上期应纳税额" ＋第 31 栏 "本期缴纳欠缴税额"。

本年累计＝本年度各月数据之和。

(41) 第 28 栏 "1.分次预缴税额" 填写纳税人本期分次预缴的增值税额。

本月数＝"应交税费——应交增值税"明细科目借方"已交税金"专栏中分次预缴税额本期发生额＝Σ当期预缴本所属期应纳税额。

（42）第 29 栏"2. 出口开具专用缴款书预缴税额" 填写纳税人本期销售出口货物而开具专用缴款书向税务机关预缴的增值税额。

本月数＝"应交税费——应交增值税"明细科目借方"已交税金"专栏中出口开具专用缴款税额本期发生额＝Σ当期开具出口货物专用缴款书预缴税额。

（43）第 30 栏"3. 本期缴纳上期应纳税额" 填写纳税人本期上缴上期应缴未缴的增值税款，包括缴纳上期按简易征收办法计算的应缴未缴的增值税额。

本月数＝"应交税费——应交增值税"明细科目借方缴纳上期应纳税额本期发生额。

本年累计＝本年度各月数据之和。

（44）第 31 栏"4. 本期缴纳欠缴税额" 填写纳税人本期实际缴纳的增值税欠税额，不包括缴纳入库的查补增值税额。

本月数＝"应交税费——未交增值税"科目借方缴纳欠缴税额本期发生额。

本年累计＝本年度各月数据之和。

（45）第 32 栏"期末未缴税额" 指纳税人本期期末未缴的增值税额，不包括纳税检查应缴未缴的税额。

本月数＝第 24 栏"应纳税额合计"＋第 25 栏"期初未缴税额（多缴为负数）"＋第 26 栏"实收出口开具专用缴款书退税额"－第 27 栏"本期已缴税额"。

本年累计＝本月数栏中的数据。

(46) 第 33 栏"其中：欠缴税额（≥0）" 为纳税人按税法规定已形成欠税的数额。

本月数＝第 25 栏"期初未缴税额（多缴为负数）"＋第 26 栏"实收出口开具专用缴款书退税额"－第 27 栏"本期已缴税额"。

(47) 第 34 栏"本期应补（退）税额" 为纳税人本期应纳税额中应补缴或应退回的数额。

本月数＝第 24 栏"应纳税额合计"－第 28 栏"1.分次预缴税额"－第 29 栏"2.出口开具专用缴款书预缴税额"＝"应交税费——应交增值税"明细科目"转出未交增值税"或"转出多交增值税"专栏数据。

(48) 第 35 栏"即征即退实际退税额" 填写纳税人本期符合增值税即征即退优惠政策规定，而实际收到的税务机关返还的增值税额。

本年累计＝本月数栏中的数据。

(49) 第 36 栏"期初未缴查补税额" 为纳税人上一申报期的"期末未缴查补税额"。

本月数＝"应交税费——未交增值税"明细科目期初余额－第 25 栏"期初未缴税款（多缴为负数）"。

本年累计＝纳税人上年度末的"期末未缴查补税额"。

(50) 第 37 栏"本期入库查补税额" 填写纳税人因税务、审计、财政部门检查而实际入库的增值税款，包括：按适用税率计算并实际缴纳的查补增值税款、按简易征收办法计算并实际缴纳的查补增值税款。

本月数＝本月实际缴纳一般货物及劳务（按适用税率计算的查补增值税款＋按简易征收办法计算的查补增值税款）＋本月实际缴纳即征即退货物及劳务（按适用税率计算的查补增值税款＋按简易

征收办法计算的查补增值税款）。

本年累计＝本年度各月数据之和。

（51）第 38 栏"期末未缴查补税额" 为纳税人纳税检查本期期末应缴未缴的增值税额。

本月数＝第 16 栏"按适用税率计算的检查应补税额"＋第 22 栏"简易征收办法计算的查补应纳税额"＋第 36 栏"期初未缴查补税额"－第 37 栏"本期入库查补税额"＝"应交税费——未交增值税"明细科目期末余额－第 32 栏"期末未缴税额（多缴为负数）"。

本年累计＝本月数栏中数据。

上述所列增值税申报主表的填列方法为"一般货物及劳务"部分的具体填写，"即征即退货物及劳务"部分的报表填列，可参照上述方法进行，对于发生检查部门查补的即征即退货物及劳务税款情形的，查补的税款及入库的情况全部相应填写在"一般货物及劳务"的第 16 栏、第 22 栏、第 36 栏及第 38 栏内。

二、增值税纳税申报表附表一

《增值税纳税申报表附列资料（表一）》是反映纳税人本期销售资料明细状况的报表。

【《增值税纳税申报表附列资料（表一）》格式】

《增值税纳税申报表附列资料（表一）》，以下简称《附表一》，它按纳税人销售不同税率货物及劳务的情况和开具发票情况双重角度反映纳税人的销售明细情况。其具体格式如表 7-2 所示。

三、增值税纳税申报表附表二

《增值税纳税申报表附列资料（表二）》是反映纳税人本期进项税额明细资料的列表。

表 7-2 《增值税纳税申报表附列资料（表一）》格式

（本期销售情况明细）

税款所属时间：2019 年 8 月 1 日至 2019 年 8 月 31 日

纳税人名称：（公章）　　　　　　　　　　　　　　　　　　　　　　　　　　　　　金额单位：元至角分

项目及栏次		开具增值税专用发票		开具其他发票		未开具发票		纳税检查调整		合计			服务、不动产和无形资产扣除项目本期实际扣除金额	扣除后	
		销售额	销项（应纳）税额	销售额	销项（应纳）税额	销售额	销项（应纳）税额	销售额	销项（应纳）税额	销售额 9=1+3+5+7	销项（应纳）税额 10=2+4+6+8	价税合计 11=9+10		含税（免税）销售额 13=11－12	销项（应纳）税额 14=13÷（100%＋税率或征收率）×税率或征收率
		1	2	3	4	5	6	7	8				12		
一、一般计税方法计税	全部征税项目	16%税率的货物及加工修理修配劳务	1	—	—	—	—	—	—	—	—	—	—	—	—	—	—
		16%税率的服务、不动产和无形资产	2	—	—	—	—	—	—	—	—	—	—	—	—	—	—
		13%税率	3	—	—	—	—	—	—	—	—	—	—	—	—	—	—
		10%税率的货物及加工修理修配服务	4a	—	—	—	—	—	—	—	—	—	—	—	—	—	—
		10%税率的服务、不动产和无形资产	4b	—	—	—	—	—	—	—	—	—	—	—	—	—	—
		6%税率	5	—	—	—	—	—	—	—	—	—	—	—	—	—	—
	其中：即征即退项目	即征即退货物及加工修理修配劳务	6	—	—	—	—	—	—	—	—	—	—	—	—	—	—
		即征即退服务、不动产和无形资产	7	—	—	—	—	—	—	—	—	—	—	—	—	—	—
二、简易计税方法计税	全部征税项目	6%征收率	8	—	—	—	—	—	—	—	—	—	—	—	—	—	—
		5%征收率的货物及加工修理修配劳务	9a	—	—	—	—	—	—	—	—	—	—	—	—	—	—
		5%征收率的服务、不动产和无形资产	9b	—	—	—	—	—	—	—	—	—	—	—	—	—	—
		4%征收率	10	—	—	—	—	—	—	—	—	—	—	—	—	—	—
		3%征收率的货物及加工修理修配劳务	11	—	—	—	—	—	—	—	—	—	—	—	—	—	—
		3%征收率的服务、不动产和无形资产	12	—	—	—	—	—	—	—	—	—	—	—	—	—	—
	其中：即征即退项目	即征即退货物及加工修理修配劳务	13a	—	—	—	—	—	—	—	—	—	—	—	—	—	—
		即征即退服务、不动产和无形资产	13b	—	—	—	—	—	—	—	—	—	—	—	—	—	—
		预征率 %	13c	—	—	—	—	—	—	—	—	—	—	—	—	—	—
		预征率 %	14	—	—	—	—	—	—	—	—	—	—	—	—	—	—
		预征率 %	15	—	—	—	—	—	—	—	—	—	—	—	—	—	—
三、免抵退税	货物及加工修理修配劳务		16	—	—	—	—	—	—	—	—	—	—	—	—	—	—
	服务、不动产和无形资产		17	—	—	—	—	—	—	—	—	—	—	—	—	—	—
四、免税	货物及加工修理修配劳务		18	—	—	—	—	—	—	—	—	—	—	—	—	—	—
	服务、不动产和无形资产		19	—	—	—	—	—	—	—	—	—	—	—	—	—	—

【《增值税纳税申报表附列资料（表二）》格式】

《附表二》反映纳税人按照税法规定，在本纳税申报期内申报抵扣、进项转出等进项税额的具体情况，其具体格式如表7-3所示。

【《增值税纳税申报表附列资料（表二）》具体填列】

(1) "税款所属时间""纳税人名称"的填写同主表。

(2) 第1至12栏"一、申报抵扣的进项税额"分别反映纳税人按税法规定符合抵扣条件，在本期申报抵扣的进项税额。

第1栏"（一）认证相符的增值税专用发票"，反映纳税人取得的认证相符本期申报抵扣的增值税专用发票情况。该栏应等于第2栏"本期认证相符且本期申报抵扣"与第3栏"前期认证相符且本期申报抵扣"数据之和。

第2栏"其中：本期认证相符且本期申报抵扣"，反映本期认证相符且本期申报抵扣的增值税专用发票的情况。本栏是第1栏的其中数，本栏只填写本期认证相符且本期申报抵扣的部分。

适用取消增值税发票认证规定的纳税人，当期申报抵扣的增值税发票数据，也填报在本栏中。

第3栏"前期认证相符且本期申报抵扣"，反映前期认证相符且本期申报抵扣的增值税专用发票的情况。

辅导期纳税人依据税务机关告知的稽核比对结果通知书及明细清单注明的稽核相符的增值税专用发票填写本栏。本栏是第1栏的其中数，只填写前期认证相符且本期申报抵扣的部分。

第4栏"（二）其他扣税凭证"，反映本期申报抵扣的除增值税专用发票之外的其他扣税凭证的情况。具体包括：海关进口增值税专用缴款书、农产品收购发票或者销售发票（含农产品核定扣除的进项税额）、代扣代缴税收完税凭证和其他符合政策规定的抵扣凭证。该栏应等于第5栏至8栏之和。

表 7-3　《增值税纳税申报表附列资料》格式

增值税纳税申报表附列资料（二）
（本期进项税额明细）

税款所属时间：2019 年 8 月 1 日至 2019 年 8 月 31 日

纳税人名称：（公章）　　　　　　　　　　　　　　　　　金额单位：元至角分

一、申报抵扣的进项税额				
项目	栏次	份数	金额	税额
（一）认证相符的增值税专用发票	1＝2＋3			
其中：本期认证相符且本期申报抵扣	2			
前期认证相符且本期申报抵扣	3			
（二）其他扣税凭证	4＝5＋6＋7＋8			
其中：海关进口增值税专用缴款书	5			
农产品收购发票或者销售发票	6			
代扣代缴税收缴款凭证	7		—	
其他	8			
（三）本期用于购建不动产的扣税凭证	9			
（四）本期不动产允许抵扣进项税额	10	—		
（五）外贸企业进项税额抵扣证明	11			
当期申报抵扣进项税额合计	12＝1＋4-9＋10＋11			

二、进项税额转出额		
项目	栏次	税额
本期进项税额转出额	13＝14 至 23 之和	
其中：免税项目用	14	
集体福利、个人消费	15	
非正常损失	16	
简易计税方法征税项目用	17	
免抵退税办法不得抵扣的进项税额	18	
纳税检查调减进项税额	19	
红字专用发票信息表注明的进项税额	20	
上期留抵税额抵减欠税	21	
上期留抵税额退税	22	
其他应作进项税额转出的情形	23	

三、待抵扣进项税额				
项目	栏次	份数	金额	税额
（一）认证相符的增值税专用发票	24	—	—	—
期初已认证相符但未申报抵扣	25			
本期认证相符且本期未申报抵扣	26			
期末已认证相符但未申报抵扣	27			
其中：按照税法规定不允许抵扣	28			
（二）其他扣税凭证	29＝30 至 33 之和			
其中：海关进口增值税专用缴款书	30			
农产品收购发票或者销售发票	31			
代扣代缴税收缴款凭证	32		—	
其他	33			
	34			

四、其他				
项目	栏次	份数	金额	税额
本期认证相符的增值税专用发票	35			
代扣代缴税额	36	—		—

注：第 1 栏＝第 2 栏＋第 3 栏＝第 23 栏＋第 35 栏－第 25 栏；第 2 栏＝第 35 栏－第 24 栏；第 3 栏＝第 23 栏＋第 24 栏－第 25 栏；第 4 栏＝第 5 栏至第 10 栏之和；第 12 栏＝第 1 栏＋第 4 栏＋第 11 栏；第 13 栏＝第 14 栏至第 21 栏之和；第 27 栏＝第 28 栏至第 34 栏之和。

第5栏"海关进口增值税专用缴款书"，反映本期申报抵扣的海关进口增值税专用缴款书的情况。按规定执行海关进口增值税专用缴款书：先比对后抵扣的，纳税人需依据税务机关告知的稽核比对结果通知书及明细清单注明的稽核相符的海关进口增值税专用缴款书填写本栏。

第6栏"农产品收购发票或者销售发票"，反映本期申报抵扣的农产品收购发票和农产品销售普通发票的情况。执行农产品增值税进项税额核定扣除办法的，填写当期允许抵扣的农产品增值税进项税额，不填写"份数""金额"。

第7栏"代扣代缴税收缴款凭证"，填写本期按规定准予抵扣的完税凭证上注明的增值税额。

第8栏"其他"，反映按规定本期可以申报抵扣的其他扣税凭证情况。

纳税人按照规定不得抵扣且未抵扣进项税额的固定资产、无形资产、不动产，发生用途改变，用于允许抵扣进项税额的应税项目，可在用途改变的次月将按公式计算出的可以抵扣的进项税额，填入"税额"栏。

2016年5月1日至7月31日，纳税人支付道路、桥、闸通行费，按照政策规定，以取得的通行费发票（不含财政票据）上注明的收费金额计算的可抵扣进项税额，填入本栏。

第9栏"（三）本期用于购建不动产的扣税凭证"，反映按规定本期用于购建不动产并适用分2年抵扣规定的扣税凭证上注明的金额和税额。购建不动产是指纳税人2016年5月1日后取得并在会计制度上按固定资产核算的不动产或者2016年5月1日后取得的不动产在建工程。

取得不动产，包括以直接购买、接受捐赠、接受投资入股、自建以及抵债等各种形式取得的不动产,但不包括房地产开发企业自行开发的房地产项目。

本栏次包括第 1 栏中"本期用于购建不动产的增值税专用发票"和第 4 栏中"本期用于购建不动产的其他扣税凭证"。

本栏"金额""税额"＜第 1 栏＋第 4 栏且本栏"金额""税额"$\geqslant 0$。

纳税人按照规定不得抵扣且未抵扣进项税额的不动产,发生用途改变,用于允许抵扣进项税额的应税项目,可在用途改变的次月将按公式计算出的可以抵扣的进项税额,填入"税额"栏。

本栏"税额"列＝《附列资料(五)》第 2 列"本期不动产进项税额增加额"。

第 10 栏"(四)本期不动产允许抵扣进项税额",反映按规定本期实际申报抵扣的不动产进项税额。本栏"税额"＝《附列资料(五)》中第 3 列"本期可抵扣不动产进项税额"。

第 11 栏"(五)外贸企业进项税额抵扣证明",填写本期申报抵扣的税务机关出口退税部门开具的《出口货物转内销证明》列明允许抵扣的进项税额。

第 12 栏"当期申报抵扣进项税额合计",反映本期申报抵扣进项税额的合计数。按表中所列公式计算填写。

(三)第 13 至 23 栏"二、进项税额转出额"各栏,分别反映纳税人已经抵扣但按规定应在本期转出的进项税额明细情况。

第 13 栏"本期进项税额转出额",反映已经抵扣但按规定应在本期转出的进项税额合计数。按表中所列公式计算填写。

第 14 栏"免税项目用",反映用于免征增值税项目,按规定应在本期转出的进项税额。

第 15 栏"集体福利、个人消费",反映用于集体福利或者个人消费，按规定应在本期转出的进项税额。

第16栏"非正常损失"，反映纳税人发生非正常损失，按规定应在本期转出的进项税额。

第17栏"简易计税方法征税项目用"，反映用于按简易计税方法征税项目，按规定应在本期转出的进项税额。

营业税改征增值税的纳税人，服务、不动产和无形资产按规定汇总计算缴纳增值税的分支机构，当期应由总机构汇总的进项税额也填入本栏。

第18栏"免抵退税办法不得抵扣的进项税额"，反映按照免、抵、退税办法的规定，由于征税税率与退税税率存在税率差，在本期应转出的进项税额。

第19栏"纳税检查调减进项税额"，反映税务、财政、审计部门检查后而调减的进项税额。

第20栏"红字专用发票信息表注明的进项税额"，填写主管税务机关开具的《开具红字增值税专用发票信息表》注明的在本期应转出的进项税额。

第21栏"上期留抵税额抵减欠税"，填写本期经税务机关同意，使用上期留抵税额抵减欠税的数额。

第22栏"上期留抵税额退税"，填写本期经税务机关批准的上期留抵税额退税额。

第23栏"其他应作进项税额转出的情形"，反映除上述进项税额转出情形外，其他应在本期转出的进项税额。

（四）第24至34栏"三、待抵扣进项税额"各栏，分别反映纳税人已经取得，但按税法规定不符合抵扣条件，暂不予在本期申报抵扣的进项税额情况及按税法规定不允许抵扣的进项税额情况。

第24栏至28栏均为增值税专用发票的情况。

第25栏"期初已认证相符但未申报抵扣",反映前期认证相符,但按照税法规定暂不予抵扣及不允许抵扣,结存至本期的增值税专用发票情况。辅导期纳税人填写认证相符但未收到稽核比对结果的增值税专用发票期初情况。

第26栏"本期认证相符且本期未申报抵扣",反映本期认证相符,但按税法规定暂不予抵扣及不允许抵扣,而未申报抵扣的增值税专用发票情况。辅导期纳税人填写本期认证相符但未收到稽核比对结果的增值税专用发票情况。

第27栏"期末已认证相符但未申报抵扣",反映截至本期期末,按照税法规定仍暂不予抵扣及不允许抵扣且已认证相符的增值税专用发票情况。辅导期纳税人填写截至本期期末已认证相符但未收到稽核比对结果的增值税专用发票期末情况。

第28栏"其中:按照税法规定不允许抵扣",反映截至本期期末已认证相符但未申报抵扣的增值税专用发票中,按照税法规定不允许抵扣的增值税专用发票情况。

第29栏"(二)其他扣税凭证",反映截至本期期末仍未申报抵扣的除增值税专用发票之外的其他扣税凭证情况。具体包括:海关进口增值税专用缴款书、农产品收购发票或者销售发票、代扣代缴税收完税凭证和其他符合政策规定的抵扣凭证。该栏应等于第30至33栏之和。

第30栏"海关进口增值税专用缴款书",反映已取得但截至本期期末仍未申报抵扣的海关进口增值税专用缴款书情况,包括纳税人未收到稽核比对结果的海关进口增值税专用缴款书情况。

第31栏"农产品收购发票或者销售发票",反映已取得但截至本期期末仍未申报抵扣的农产品收购发票和农产品销售普通发票情况。

第32栏"代扣代缴税收缴款凭证",反映已取得但截至本期期末仍未申报抵扣的代扣代缴税收完税凭证情况。

第33栏"其他",反映已取得但截至本期期末仍未申报抵扣的其他扣税凭证的情况。

(五)第35至36栏"四、其他"各栏。

第35栏"本期认证相符的增值税专用发票",反映本期认证相符的增值税专用发票的情况。

第36栏"代扣代缴税额",填写纳税人根据《中华人民共和国增值税暂行条例》第十八条扣缴的应税劳务增值税额与根据营业税改征增值税有关政策规定扣缴的服务、不动产和无形资产增值税额之和。

四、增值税纳税申报表附表三

《增值税纳税申报表附列资料(三)》是填写纳税人"服务、不动产和无形资产扣除项目明细",本表由服务、不动产和无形资产有扣除项目的营业税改征增值税纳税人填写,其他纳税人不填写。其具体格式如表7-4所示。

表7-4 《增值税纳税申报表附列资料(表三)》格式

增值税纳税申报表附列资料(三)

(服务、不动产和无形资产扣除项目明细)

税款所属时间:2019年8月1日至2019年8月31日

纳税人名称:(公章)　　　　　　　　　　　　　　　　　　金额单位:元至角分

项目及栏次		本期服务、不动产和无形资产价税合计额(免税销售额)	服务、不动产和无形资产扣除项目				
			期初余额	本期发生额	本期应扣除金额	本期实际扣除金额	期末余额
		1	2	3	4=2+3	5(5≤1且5≤4)	6=4−5
16%税率的项目	1						
10%税率的项目	2						
6%税率的项目(不含金融商品转让)	3						
6%税率的金融商品转让项目	4						
5%征收率的项目	5						
3%征收率的项目	6						
免抵退税的项目	7						
免税的项目	8						

（一）本表由服务、不动产和无形资产有扣除项目的营业税改征增值税纳税人填写。其他纳税人不填写。

（二）"税款所属时间""纳税人名称"的填写同表7-1。

（三）第1列"本期服务、不动产和无形资产价税合计额（免税销售额）"，营业税改征增值税的服务、不动产和无形资产属于征税项目的，填写扣除之前的本期服务、不动产和无形资产价税合计额；营业税改征增值税的服务、不动产和无形资产属于免抵退税或免税项目的，填写扣除之前的本期服务、不动产和无形资产免税销售额。本列各行次等于《附列资料（一）》第11列对应行次，其中本列第3行和第4行之和等于《附列资料（一）》第11列第5栏。

营业税改征增值税的纳税人，服务、不动产和无形资产按规定汇总计算缴纳增值税的分支机构，本列各行次之和等于《附列资料（一）》第11列第13a、13b行之和。

（四）第2列"服务、不动产和无形资产扣除项目""期初余额"，填写服务、不动产和无形资产扣除项目上期期末结存的金额，试点实施之日的税款所属期填写"0"。

本列第4行"6%税率的金融商品转让项目""期初余额"年初首期填报时应填"0"。

（五）第3列"服务、不动产和无形资产扣除项目""本期发生额"，填写本期取得的按税法规定准予扣除的服务、不动产和无形资产扣除项目金额。

（六）第4列"服务、不动产和无形资产扣除项目""本期应扣除金额"，填写服务、不动产和无形资产扣除项目本期应扣除的金额。

本列各行次＝第2列对应各行次＋第3列对应各行次

（七）第5列"服务、不动产和无形资产扣除项目""本期实际扣除金额"，填写服务、不动产和无形资产扣除项目本期实际扣除的金额。

本列各行次≤第4列对应各行次且本列各行次≤第1列对应各行次。

（八）第6列"服务、不动产和无形资产扣除项目""期末余额"，填写服务、不动产和无形资产扣除项目本期期末结存的金额。

本列各行次＝第4列对应各行次－第5列对应各行次

五、增值税纳税申报表附表四

《增值税纳税申报表附列资料（表四）》是填写本期纳税人增值税税控系统专用设备费用和技术维护费按规定抵减增值税应纳税额的情况。《附表四》具体格式见表7-5。

表7-5 《增值税纳税申报表附列资料（表四）》格式

增值税纳税申报表附列资料（四）
（税额抵减情况表）

税款所属时间：2019年8月1日至2019年8月31日

纳税人名称：（公章） 　　　　　　　　　　　　　金额单位：元至角分

序号	抵减项目	期初余额	本期发生额	本期应抵减税额	本期实际抵减税额	期末余额
		1	2	3＝1＋2	4≤3	5＝3－4
1	增值税税控系统专用设备费及技术维护费					
2	分支机构预征缴纳税款					
3	建筑服务预征缴纳税款					
4	销售不动产预征缴纳税款					
5	出租不动产预征缴纳税款					

本表第1行由发生增值税税控系统专用设备费用和技术维护费的纳税人填写，反映纳税人增值税税控系统专用设备费用和技术维护费按规定抵减增值税应纳税额的情况。

本表第2行由营业税改征增值税纳税人，服务、不动产和无形资产按规定汇总计算缴纳增值税的总机构填写，反映其分支机构预征缴纳税款抵减总机构应纳增值税税额的情况。

本表第3行由销售建筑服务并按规定预缴增值税的纳税人填写，反映其销售建筑服务预征缴纳税款抵减应纳增值税税额的情况。

本表第 4 行由销售不动产并按规定预缴增值税的纳税人填写，反映其销售不动产预征缴纳税款抵减应纳增值税税额的情况。

本表第 5 行由出租不动产并按规定预缴增值税的纳税人填写，反映其出租不动产预征缴纳税款抵减应纳增值税税额的情况。

未发生上述业务的纳税人不填写本表。

7.3.5 纳税申报的方法

【纳税申报的方法】

纳税申报的方法主要有以下几种：

（1）**上门申报** 纳税人、扣缴义务人、代征人应当在纳税申报期限内到主管国家税务机关办理纳税申报、代扣代缴、代收代缴税款或委托代征税款报告。

（2）**网上申报** 实行自核自缴，且有网上申报条件的纳税人，经主管国家税务机关批准，可以采取网上申报。

（3）**现场申报** 对临时取得应税收入以及在市场内从事经营的纳税个人，经主管国家税务机关批准，可以在经营现场口头向主管国家税务机关（人员）申报。

目前使用较多的是网上申报的方法。财务决算以及"取得进项发票已经认证，税控设备已经抄报成功"的各项工作做完后，网上报税的将电脑连接到互联网，进行数据传输，待主管税务局计算机系统处理完毕后即可。上门申报的，带齐相关资料到主管税局报税窗口进行纳税申报。

【缴交税款】

目前很多地方的税款缴交已实现了网上自动划扣，即税务与商业银行等部门利用信息网络技术，实现电子网络互联，通过电子方式，使税款实时直接缴入国库的信息系统管理模式。

实行 ETS 网上电子报税的企业应办理相关税款电子划扣的审批手续，其步骤如下：

（1）纳税人前往主管税务机关办理审批手续，填写"存款账户报告备案表"，领取已经盖有税务机关公章和带有"网上报税"标志的"委托银行代划缴税、费协议书"（下称"协议书"）。

（2）纳税人持协议书前往任何一间已加入 ETS 的商业银行办理缴税账户事宜，与之签订委托扣款协议，同意开户银行根据税务机关指令从其指定的缴税账户中扣缴税款。

（3）纳税人回到税务机关，递交盖有银行印章的协议书，待审批通过后，与税务机关签订"网上报税委托划款协议书"。

（4）纳税人在办理完审批手续当天，即可接入互联网，登录到主管税务部门网站，把报税软件及用户手册下载到电脑硬盘上。

（5）纳税人即可用此报税软件按期进行申报。

各地税务机关要求不同，会计人员可根据实际情况办理。

会计人员在完成纳税申报业务后，网上申报的直接进入到主管税务机关纳税申报的相关界面点击"扣缴税款"按钮即可实时完成税款的缴交，上门申报的税务人员会进行相关操作，进行税款的扣缴。因此，会计人员在进行纳税申报前应与部门主管及相关人员及时沟通，确保银行扣缴账户中有足够的存款可用以支持企业进行税款的缴纳。

7.3.6 网上申报的具体操作

目前已有很多地区采用了互联网进行申报纳税，减少了纳税人往返于税务部门与企业之间的时间，大大地方便了纳税申报的操作。以下笔者将对网上申报的操作方法进行描述。

符合网上申报条件的纳税人,在进行网上办税注册成功后即可以进行网上报税工作,网上报税目前一般存在"网络上传纳税申报表进行申报征收"以及"网上录入申报表进行申报征收"两种方式。

【"网络上传纳税申报表进行申报征收"报税操作流程】

第一步:登陆纳税人所属税务机关的网站,如图7-13所示。

图7-13 登陆税务网站

第二步:输入用户名和密码,进入纳税申报界面,选择所要申报征收的项目,如图7-14所示。

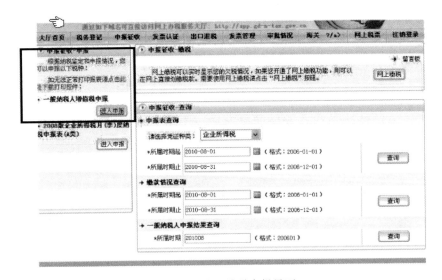

图7-14 进入纳税申报界面

第三步：根据窗口提示上传申报文件，如图 7-15 所示。

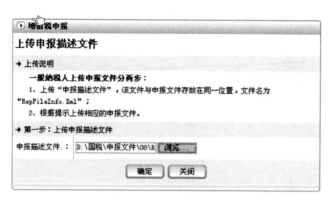

图 7-15　上传申报文件

一般纳税人增值税申报征收采取上传申报文件的方式，所上传的文件就是从"企业电子报税系统软件"里生成并审核保存之后的"生成申报文件"。

第四步：核对上传文件信息是否正确，如图 7-16 所示。

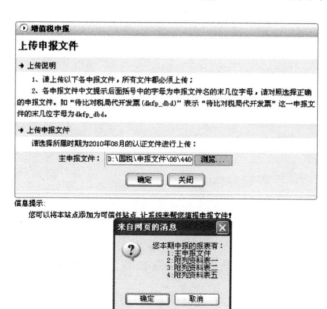

图 7-16　核对上传文件信息

第五步：上传申报文件成功，如图 7-17 所示。

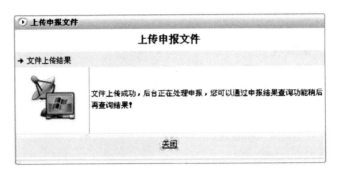

图 7-17　上传文件成功

第六步：查询申报结果，确定缴税，如图 7-18 所示。

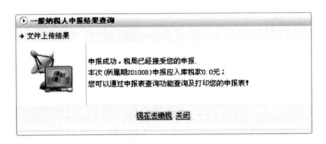

图 7-18　查询申报结果

第七步：点击"现在去缴税"，根据系统弹进的提示询问是否确定继续，点击"确定"按钮，进行银行扣款。

第八步：点击确定后，系统提示扣款成功，表示本次已全额扣税，纳税人则完成了本次网上申报纳税缴税操作，可点击"注销登陆"按钮，退出网上办税大厅。

注：一般企业的增值税纳税申报和个人所得税纳税申报采取上传申报文件的方式进行。

【"网上录入申报表进行申报征收"报税操作流程】

纳税人除申报增值税外，还需要进行所得税、堤围费、城建税等税种的申报，这些税种有的是采取在税务申报网上办税大厅直接录入所需申报税种的内容来进行纳税申报的，其申报及缴款流程如图 7-19 所示。

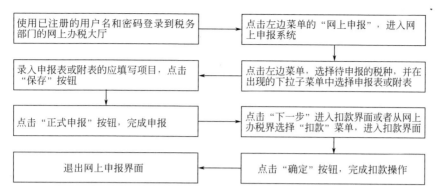

图 7-19 网上录入申报表报税流程图

7.4 其他涉税事项

会计人员在日常工作中，除了申报纳税需要和税务机关打交道外，还往往会面临其他如办理纳税担保、税务代理、纳税争议等涉税事项，作为一个优秀的会计工作者，需要对这些都有所了解。

7.4.1 如何办理纳税担保

为他人提供纳税担保有 3 种，分别是纳税保证、纳税抵押和纳税质押。

（1）纳税保证是指纳税保证人向税务机关保证，当纳税人未按照税收法律、行政法规规定或者税务机关确定的期限缴清税款、滞纳金时，由纳税保证人按照约定履行缴纳税款及滞纳金的行为。税务机关认可的，保证成立，税务机关不认可的，保证不成立。

（2）纳税抵押是指纳税人或纳税担保人不转移对所拥有的未作抵押的动产和不动产的占有，将该财产作为税款及滞纳金的担保。纳税人逾期未缴清税款及滞纳金的，税务机关有权依法处置该财产以抵缴税款及滞纳金。

（3）纳税质押是指经税务机关同意，纳税人或纳税担保人将其动产或权利凭证移交税务机关占有，将该动产或权利凭证作为税款及滞纳金的担保。纳税人逾期未缴清税款及滞纳金的，税务机关有权依法处置该动产或权利凭证以抵缴税款及滞纳金。纳税质押分为动产质押和权利质押。

纳税担保人是指在中国境内具有纳税担保能力的公民、法人或其他经济组织，国家机关不得作为纳税担保人。纳税担保人同意为纳税人提供纳税担保时，应填写《纳税担保书》《纳税担保财产清单》以及有关部门出具的抵押登记的证明及其复印件，写明担保对象、担保范围、担保期限、担保财产的价值和担保责任以及其他有关事项。将上述资料递交当地主管税务部门受理审批。纳税担保清单须经纳税人、纳税担保人和主管税务机关签字盖章后方为有效。

7.4.2 发生纳税争议如何办理

纳税争议是指纳税人、扣缴义务人、纳税担保人对税务机关、海关等部门确定纳税主体、征税对象、征税范围、减税、免税及退税、适用税率、计税依据、纳税环节、纳税期限、纳税地点以及税款征收方式等具体行政行为有异议而发生的争议。

发生纳税争议时，纳税人、扣缴义务人和纳税担保人必须先依照税务机关的纳税决定缴纳税款及滞纳金，或者提供相应的担保，然后通过法律救济途径解决，主要有税务行政复议和税务行政诉讼。

税务行政复议是指纳税人、扣缴义务人、纳税担保人及其他当事不服税务机关或海关等部门的具体行政行为，依法向税务行政复议机关提出要求重新处理的申请。税务行政复议机关应根据申请人的申请，对原处理决定进行重新审定，并依法根据不同的情况作出维持、变更或撤销原决定的法律制度。

税务行政诉讼是指公民、法人和其他组织认为税务机关及其工作人员的税务具体行政行为侵犯了其合法权益，依法向人民法院提起行政诉讼，由人民法院对税务具体行政行为的合法性和适当性进行审理并作出裁判的司法活动。

纳税人、扣缴义务人和纳税担保人应先就纳税争议申请行政复议，对行政复议决定不服的，才可以依法向人民法院起诉。

7.4.3 税务代理要怎样操作

税务代理是指税务代理人在税务机关规定的代理范围内，受纳税人、扣缴义务人的委托代为办理税务事宜的各项行为的总称。

税务代理各项行为包括：办理税务登记、变更税务登记和注销税务登记；办理发票领购；办理纳税申报或扣缴税款报告；办理缴纳税款和申请退税；制作涉税文书；审查纳税情况；建账建制、办理账务；开展税务咨询、受聘税务顾问；申请税务行政复议或税务行政诉讼以及税务机关规定的其他业务。

在日常工作中常见的税务代理如各种中介服务机构：会计师事务所、审计事务所等，在税务代理时必须严格依法、客观公正、严格管理、自愿有偿等原则。纳税人、扣缴义务人可以根据需要委托税务代理人进行全面代理、单项代理或临时代理、常年代理等。

税务代理可以分为三个阶段。

- 准备阶段：纳税人、扣缴义务人向税务代理机构提出税务代理时，税务代理机构对要求代理的企业或单位的有关情况进行调查，以此确定是否接受该项代理业务。双方在协商一致后应签订委托代理协议书，约定代理内容、代理权限和代理期限。税务代理机构在受理某项代理业务后，应确定税务代理风险，编制税务代理计划、安排实施代理工作。

- 实施阶段：就是税务代理机构按照代理计划，根据委托代理协议书约定的代理事项、权限和期限开展日常工作。

- 完成阶段：指代理业务结束，税务代理机构应整理代理业务工作底稿，编制有关表格，并将有关资料存档备查。

7.4.4 工商年检有哪些步骤

目前，大部分地区工商年检采用网上年检的方法。网上年检是指登记机关和企业之间利用工商局的网络平台，利用"网上年检"的功能，在线完成企业年检材料填报、审查办理的年检方式。

工商年检的时间一般为每年的2月至6月，年检步骤如下。

第一步：填写《工商企业企业数字证书申请表》，前往工商局申领企业数字证书（各地不同，在公司注册完成时，数字证书领取的时间方式不同）。

第二步：登陆各所在地主管工商局电子网站。

第三步：进行网上注册，进入网上办事→进入网上年检→进入年检申请→进行企业注册（数字证书登陆）→进入到年检系统页面。

第四步：年检资料录入，办事人员应根据界面提示，对各种报表进行数据填列，填写完整并检查无误后确认提交。

第五步：查看预受理信息，在进行资料提交后，企业应注意上网登录查看，预受理成功的即可以打印年检表格，企业盖章并由相关办事人员签字。

第六步：递交书面年检材料。根据各地工商局年检的要求，到指定地点递交书面年检材料，办理年检手续。所有资料经核对无误后，工商人员应当场予以通过，收取年检费用后加盖年检戳记，完成年检。

各地工商局要求提供的资料和年检的步骤略有不同，企业应根据具体情况按要求进行。

7.4.5　如何办理减免税及出口退税

【如何办理减免税】

减免税政策是国家对符合条件的企业、单位和个人实施的一项税收优惠政策，纳税人根据国家的税收法规，对符合条件能够享受减免税的，应在规定的时间内，向主管地方税务机关提出申请，办理减免税。

减免税办理程序如下：

（1）纳税人准备如下资料，前往主管税务部门进行申请。税务登记证副本原件及复印件；目前的生产经营状况说明；申请减免税的报告（列明申请的理由）；提供与减免税条件相符的情况和数据；申请减免税的税种、起止时间及减免的数额。

（2）纳税人携带上述资料到主管税务机关领取《减免税申请表》一式三份，按规定真实填写完整后，连同有关证明资料一起递交至税务受理窗口。

（3）主管税务机关对纳税人的《减免税申请表》及有关证明、资料进行调查核实，提出初审意见，并根据局长或主管副局长审批意见，属审批权限范围内的，无论同意与否均拟文答复纳税人。属权限范围外的，应填写《减免税呈批表》报市局审批。经市局审批同意减免税的，由征收机关将《减免税申请表》和同意减免税的批复文件送纳税人一份。经同意减免税的企业，在减免期间也应向主管征收机关办理纳税申报。其内容应包括应纳税额、减免税额、实际应缴税额及经营收入等情况。

各地的税务机关对减免税申报的程序和所要求提供的资料有所不同，会计人员应以当地税务机关的要求为准。

【如何办理出口退税】

纳税人在出现以下情况时可以向主管税务机关申请退税：

（1）再投资退税 这是针对外商投资企业的外国投资者来说的，如果投资者将其所在企业取得的利润在提取前直接用于增加注册资本，或者在提取后直接用于投资开办其他外商投资企业，可申请再投资退税。

（2）汇算清缴退税 纳税人缴纳的企业所得税，按年汇总计算，分季度进行预缴，在次年初进行上年度年终汇算清缴，针对多缴的税款应申请退税。

（3）误征退税 是指纳税人自结算缴纳税款之日起三年内发现有多缴税款的，可以申请退税。

办理退税的手续如下：

（1）再投资退税 外国投资者应自其再投资资金实际投入之日起一年内申请退税。

第一步：纳税人领取并填写《退税（抵税）申请审批表》，连同以下资料递交至主管税务部门。外商投资者确认其用于再投资利润所属年度的证明（不能提供的，由当地税务机关采用合理的方法推算确定）；载明外国投资者投资金额、投资期限的增资或出资证明；外国投资者在我国境内直接再投资举办、扩建产品出口企业或者先进技术企业的，应提供相关审核确认部门出具的确认举办、扩建的企业为产品出口或先进技术企业的证明；已缴纳税款的凭证原件和复印件。

第二步：主管税务机关收取纳税人提供的所有资料，并与纳税人的已缴税款记录等审核无误后予以受理，填写受理回执后，留取已加盖"经审核与原件无误"的各资料复印件后，按税务机关的审批流程进行审批。经审批同意退还（抵）税的，主管税务机关将批复文件传递给纳税人。

(2) 汇算清缴退税

第一步：纳税人向主管税务机关递交会计决算报表、所得税预缴申报表和年终申报表等相关资料申请退税。

第二步：主管税务机关的相关部门就纳税人的企业所得税缴纳情况进行审核，汇算清退，对情况无误的交由相关部门或领导核准。

(3) 误征退税

第一步：纳税人提交以下资料至主管税局申请退税，误征税款所属期纳税申报资料和完税证明；误征税款所属期企业财务资料；误征退税申报；税务机关要求提供的其他有关资料。

第二步：当地税务机关核准。

7.4.6 企业往年补亏退税要怎样处理

企业弥补亏损的方式有三种：

- 企业发生亏损，可以用次年度的税前利润弥补，次年度利润不足弥补的，可以在5年内延续弥补，延续弥补期最长不得超过5年。
- 企业发生的亏损，5年内的税前利润不足弥补时，用税后利润弥补。
- 企业发生的亏损，可以用盈余公积金弥补。

纳税人弥补以前年度亏损的，可在纳税申报时（包括预缴申报和年度申报）自行计算并弥补以前年度符合条件亏损。在企业亏损弥补年限内，如果企业由于自身的原因，造成未用某一年度的应纳税所得弥补以前年度亏损，造成多缴税款的，可申请退税或者在下一年度内抵缴。大部分地区在实际操作中，多缴税款不做退税，而是按预缴款作为下一年度的税款抵扣，会计人员应根据当地主管税务部门的具体情况按要求操作进行。

7.5 常见问题点拨

报税及纳税工作是税务会计人员每月必须进行的工作,在税务会计处理及申报纳税的过程中经常会遇到很多问题,本节将对日常报税工作中部分常见问题简要叙述,希望对读者有所帮助。

常见涉税问题解答

(1)问:如何确定固定资产的折旧年限?

答:企业固定资产的折旧年限,应按财政部制定的分行业财务制度的规定执行。对极少数城镇集体企业和乡镇企业由于特殊原因需要缩短折旧年限的,可由企业提出申请,报省、自治区、直辖市一级税务局、财政厅(局)同意后确定,但不得短于以下规定年限:

- 房屋、建筑物为20年;
- 火车、轮船、机器、机械和其他生产设备为10年;
- 电子设备和火车、轮船以外的运输工具以及与生产、经营有关的器具、工具、家具等为5年。

(2)问:业务招待费的开支限额是多少?

答:《中华人民共和国企业所得税法》第八条规定,企业实际发生的与取得收入有关的、合理的支出,包括成本、费用、税金、损失和其他支出,准予在计算应纳税所得额时扣除。《中华人民共和国企业所得税法实施条例》第四十三条规定,企业发生的与生产经营活动有关的业务招待费支出,按照发生额的60%扣除,但最高不得超过当年销售(营业)收入的5‰。即业务招待费的税前扣除应同时满足以上规定。

另根据《国家税务总局关于〈中华人民共和国企业所得税年度纳

税申报表〉的补充通知》（国税函［2008］1081号）附件中附表一(1)《收入明细表》填报说明的规定，"销售（营业）收入合计"填报纳税人根据国家统一会计制度确认的主营业务收入、其他业务收入以及根据税收规定确认的视同销售收入，该行数据作为计算业务招待费、广告费和业务宣传费支出扣除限额的计算基数。因此，业务招待费税前扣除限额的计算基数，应以税法口径下的收入为准，包括主营业务收入、其他业务收入以及根据税收规定确认的视同销售收入，但不包括营业外收入。

（3）问：企业人员到国外出差，在国外支付的费用无法取得国内发票的，是否可以作为所得税税前扣除？

答：企业实际发生的与取得收入有关的、合理的支出，包括成本、费用、税金、损失和其他支出，准予在计算应纳税所得额时扣除。对于单位和个人从中华人民共和国境外取得的与纳税有关的收付款凭证，可以税前扣除。但若税务机关在纳税审查时有疑义的，可以要求其提供境外公证机构或者注册会计师的确认证明，经税务机关审核认可后，作为税前扣除的凭证。

（4）问：申请一般纳税人应符合什么条件？

答：《中华人民共和国增值税暂行条例》第十三条规定：小规模纳税人会计核算健全，能够提供准确税务资料的，可以向主管税务机关申请资格认定。

《增值税一般纳税人资格认定管理办法》（国家税务总局令第22号）第三至五条规定如下：

- 对于年应税销售额超过财政部、国家税务总局规定的小规模纳税人标准的增值税纳税人，除本办法第五条规定外，应当向主管税务机关申请一般纳税人资格认定。年应税销售额是指纳税人在连续不超过12个月的经营期内累计应征增值税销售额，包括免税销售额。

- 对于年应税销售额未超过财政部、国家税务总局规定的小规模纳税人标准以及新开业的纳税人，可以向主管税务机关申请一般纳税人资格认定。对提出申请并且同时符合下列条件的纳税人，主管税务机关应当为其办理一般纳税人资格认定：①有固定的生产经营场所；②能够按照国家统一的会计制度规定设置账簿，根据合法、有效凭证核算，能够提供准确税务资料。

- 下列纳税人不办理一般纳税人资格认定：①个体工商户以外的其他个人；②选择按照小规模纳税人的非企业性单位；③选择按照小规模纳税人纳税的不经常发生应税行为的企业。

(5) 问：纳税人当期没有发生应税行为，是否要进行纳税申报？

答：《税收征管法》中规定，纳税人必须依照法律、行政法规规定或者税务机关依照法律、行政法规的规定确定的申报期限、申报内容如实办理纳税申报，报送纳税申报表、财务会计报表以及税务机关根据实际需要要求纳税人报送的其他纳税资料。因此，纳税人在纳税期限内，无论有没有应税收入和所得，均应按照税务机关规定的期限进行申报纳税，也就是所谓的"零申报"。

(6) 问：纳税人购入的轿车、小汽车等是否可以抵扣进项税？

答：目前，购进应征消费税的小汽车自用的，一律不得抵扣进项税。2009年开始实施的《增值税暂行条例实施细则》第二十五条明确规定，纳税人自用的应征消费税的摩托车、汽车、游艇，其进项税额不得从销项税额中抵扣。

(7) 问：企业视同销售的行为有哪些？

答：根据《中华人民共和国增值税暂行条例实施细则》第四条的规定，单位或者个体工商户的下列行为，视同销售货物：

- 将货物交付其他单位或者个人代销；
- 销售代销货物；
- 设有两个以上机构并实行统一核算的纳税人，将货物从一个机构移送其他机构用于销售，但相关机构设在同一县（市）的除外；
- 将自产或者委托加工的货物用于非增值税应税项目；
- 将自产、委托加工的货物用于集体福利或者个人消费；
- 将自产、委托加工或者购进的货物作为投资，提供给其他单位或者个体工商户；
- 将自产、委托加工或者购进的货物分配给股东或者投资者；
- 将自产、委托加工或者购进的货物无偿赠送其他单位或者个人。

(8) 问：企业生产经营中，有哪些进项税额不得抵扣？

答：根据《中华人民共和国增值税暂行条例》第十条的规定，下列项目的进项税额不得从销项税额中抵扣：

- 用于简易计税方法计税项目、免征增值税项目、集体福利或者个人消费的购进货物、劳务、服务、无形资产和不动产；
- 非正常损失的购进货物及相关的应税劳务；
- 非正常损失的在产品、产成品所耗用的购进货物（不包括固定资产）、劳务和交通运输服务；
- 国务院规定的其他项目。

(9) 问：什么情况下，企业可以申请延期缴纳税款？

答：《中华人民共和国税收征收管理法（新征管法）》第三十一条规定，纳税人、扣缴义务人按照法律、行政法规规定或者税务机关依照法律、行政法规的规定确定的期限，缴纳或者解缴税款。

纳税人因有特殊困难，不能按期缴纳税款的，经省、自治区、直辖市国家税务局、地方税务局批准，可以延期缴纳税款，但是最长不得超过三个月。

根据《中华人民共和国税收征收管理法实施细则》第四十一条规定，纳税人有下列情形之一的，属于税收征管法第三十一条所称特殊困难：

- 因不可抗力，导致纳税人发生较大损失，正常生产经营活动受到较大影响的；
- 当期货币资金在扣除应付职工工资、社会保险费后，不足以缴纳税款的。

（10）问：运输发票抵扣联是否要盖发票章？

答：根据《国家税务总局关于使用新版公路、内河货物运输业统一发票有关问题的通知》（国税发［2006］67号）规定，为了加强公路、内河货物运输行业的税收管理，适应使用税控器具开具发票的需要，总局决定从2006年8月1日起，统一使用新版《公路、内河货物运输业统一发票》。该文件第五条开具《货运发票》的要求规定：开具《货运发票》时应在发票联左下角加盖财务印章或发票专用章或代开发票专用章，抵扣联一律不加盖印章。

7.6　小结

会计人员在处理报税的工作时，除了需要对业务熟练操作外，最重要一点就是要学会与税务人员打好交道。很多会计人员最担心的就是接税务人员的电话，觉得一来电话就是出问题了，查出漏子了。而且面对税务人员时，也常常会把两者自动归类为管理与被管理、上层与下层的关系，其实这大可不必，应该摆正心态，以双方平等的心理共事。

如何做好报税工作,与税务人员打好交道,以下几点可供读者作为参考:

(1)从事会计工作,要熟悉国家有关的税收政策和法律法规条款,了解的知识多产生的问题就会相对较少。在网络普及的现在,很多问题不用问税务人员,学会利用网络是很有效的解决办法。如果有问题需要对税务人员请教,也应事先自己有所准备,了解相关的知识。

(2)对当地主管税务部门的办事流程要熟悉。面对税务、财政等政府单位,往往办事时需要携带的资料与要走的流程繁多。熟悉办事流程,能免去很多跑路带来的不便和时间浪费。

(3)面对税务人员时应相互尊重,俗话说"伸手不打笑脸人",在与税务人员接触时,尽量嘴甜一些,微笑多一点,对他们表示足够的尊重,同时,也不能觉得自己低人一等,应端正态度,在日常工作中也尽量配合好他们的工作,这样才能为双方关系的友好奠定基石。

(4)遇到涉税问题尽可能以互相探讨业务而不是咄咄逼人的态度去据理力争。财务人员只需关注某个企业或行业的税收政策,而税务人员需要面对的则是所有的税收政策,所以就算有理由,与税务人员观点不一致的,也应该尽可能的耐心沟通,解决问题。

(5)多与直属管辖本企业的税务人员(税务专管员)接触和请教,增进了解,可以了解更多更新的税务信息。日常工作出现问题也最好在最直接管理的这一层沟通解决。

从零开始学会计

第8章 拾遗补漏
——企业涉及的其他会计事项

现代社会日益趋向信息化，计算机和网络已经全面渗透到了日常生活和工作的每个角落，会计行业的工作大环境也发生了很大的变化，用电脑进行财务管理在今天来说，已经被人们认可为财务人员的必备技能了。

8.1 会计信息系统知识

计算机技术在会计领域的应用,一方面可以极大地提高会计人员的工作,另一方面也可以提升会计人员的业务水平,灵活地将计算机技术与会计专业结合,了解相关会计信息系统知识必不可少。

8.1.1 什么是会计信息系统

【会计信息系统的概念】

会计信息系统是指利用计算机信息技术对会计数据进行采集、存储、处理和传递,将传统的会计手工操作转换成由计算机系统操作。会计信息系统旨在向企业的内部管理人员和企业外部信息使用者提供有助于进行决策的经济信息。

会计信息系统也可以称为"计算机会计信息系统""电算化会计信息系统""会计电算化系统""会计电算化",它是以货币为主要计量单位,运用凭证、账簿和报表等会计工具,将会计特有的核算方法结合现代计算机技术、网络技术等而形成的经济信息系统。

在日常工作中,人们常把会计领域的信息系统称为会计电算化。它代替了人工进行记账、算账、报账,甚至能代替部分会计信息的处理、分析和判断工作。它是会计发展史上的一次革命,大大地提高了会计的工作质量,减轻了会计人员的劳动强调,也更有利地促进了会计工作的规范化。

【会计信息系统的作用】

会计电算化具有提供信息及时准确、处理信息集中自动化、会计信息存储与传输介质化等特点,它在现代会计工作中起到了非常重要的作用。

（1）能避免很多人为的计算、填写错误，减轻会计人员的劳动强度，提高了会计数据处理的实效性和准确性，保证了会计核算的水平和质量。

（2）电算化相对比人工操作速度快、实效性强，因而它能很好将财务会计管理由事后管理向事中控制、事先预测转变，实现了管理的信息化。

（3）推动会计工作方法、技术、理论和观念的创新，进一步地促进会计工作的发展，同时也为企业全面管理现代化奠定了基础。

8.1.2 会计信息系统和手工会计操作的区别

会计电算化与手工会计通过不同的方式来达到共同的目的，两者既存在一定的联系但又具有各自不同的特点。

【会计电算化和手工会计的联系】

（1）两者的目标一致 无论是会计电算化还是会计手工核算，都是为了提供会计信息，为经营决策提供资料，提高会计主体的经济效益。

（2）两者都必须遵守会计法规及财经制度 企业主体进行会计电算化核算也好，采用手工会计核算也好，都必须遵守国家的财经法规，严格按照会计相关法律制度执行会计核算。

（3）会计档案见证企业的经济发展历程 是会计的重要历史资料，必须按规定对这些资料档案进行保管。会计电算化形成的会计档案虽然存储介质发生了变化，但是电算化所形成的会计信息资料也必须按照规定加以保存。

（4）编制会计报表 会计电算化是经济信息系统，因此，它也必须同手工会计一样编制符合要求的会计报表，对企业的财务状况与经营成果进行综合反映，实现企业的微观经济管理和为国家实现宏观经济管理提供依据。

（5）遵循基本的会计理论与方法　会计理论是会计发展的根源，会计方法是对会计工作的指引。会计电算化虽然改变了操作的方法，引起了一些理论的变革，但是，它与手工会计一样，应当遵循基本的会计理论与方法，在理论与方法的基础上进行系统的研制才能取得成功。

（6）数据处理一致　会计电算化和手工会计核算从数据处理的角度来看，都需要经过数据的采集与获取、数据的加工、数据的传输、数据的对外输出以及数据的存储过程。

【**会计电算化和手工会计的区别**】

（1）两者使用的工具不同　手工会计核算通常由会计人员手工操作，采用的工具大多是计算器、算盘等器具，而会计电算化通过计算机来完成数据的处理过程。

（2）各自的信息载体不同　手工会计所有的信息都是通过凭证、账本等纸质材料为载体，需要占用很大的空间，同时也不易查找和保管。会计电算化，除了必要资料需要用纸质材料外，其他都可用磁盘、光盘等进行信息记载，保管容易，查找方便。

（3）记账的规则不同　手工会计对账本的外形、错账更正的方法等均有严格的规定。而会计电算化的所有账簿均为打印输出形成，改正错账也不能采用手工会计中的画线更正，对于错误的账务，只能采用红字冲销和补充登记来进行更正。

（4）账务处理程序不同　手工会计通过记账凭证、汇总记账凭证和科目汇总表账务处理程序来进行操作，工作中存在很多重复转抄和计算的事项，也导致了人员的增多，差错的增多。电算化账务处理通过全自动的系统操作，可同时采用多种核算形式，减少差错的产生，提高工作效率。

(5) 岗位组织结构不同　手工系统下，会计人员按工资、材料、成本、税务、总账等分工设置岗位进行业务核算，而会计电算化则按数据录入、审核、维护等分工，会计岗位的划分对比手工会计核算有明显不同，人员的组成也由手工会计的纯会计专业人员转变成了由会计专业人员、计算机软件、硬件及操作人员综合组成。

(6) 内部控制方式不同　手工系统通过账证、账账、账表核对等方式进行控制，而电算化系统下则是通过权限控制、时序控制、签字、盖章等进行，采取的是严密的输入控制的方式。

8.1.3　常用会计软件

【会计软件的种类】

会计软件按不同的分类有以下几种：

(1) 按系统软硬件的结构分类　有单用户、多用户和网络会计软件。

(2) 按会计软件与企业管理软件的关系分　有独立型会计软件和非独立型会计软件。

(3) 按管理层次分　有核算型会计软件和管理型会计软件，仅完成会计核算业务的软件称为核算型会计软件，而具有核算、预测、计划、控制和决策等多功能地称之为管理型会计软件。

【会计软件的基本组成】

会计软件基本结构由各功能不同又相互联系的子系统（模块）组成，其主要核心是总账系统，也叫做账务处理系统。总账系统利用计算机记账、算账、转账和结账，生成账簿、报表，对外提供会计信息资料。在总账系统下还有各账务处理子系统，进行专门辅助核算，主要包括：应收账款子系统、应付账款子系统、工资管理子系统、固定资产管理子系统、报表处理子系统等。管理型会计软件除了前述各子系统外还会包括资金管理、成本管理、采购管理、存货管理、销售管理等子系统。

【常用会计软件】

目前市场上常见的会计专业软件主要有用友、金蝶、速达、管家婆等。各会计软件具有自己的优势与缺点，企业会计人员可结合各软件的优缺点及适用范围，选择适合企业自身的会计软件进行工作。

用友财务软件在国内算是出现较早的财务软件，它的功能强大，系统稳定，安全性高。在全面实现财务核算的同时，着重对企业财务活动的关键点进行管理，如银行现金管理、项目管理、应收应付管理等，同时从资金流的角度对企业存货进行核算和管理，在满足生产和销售的同时，实现存货成本最小化。用友软件相对其他财务软件价位较高，按财务、进销存等功能模块来计价收费。

金蝶侧重于进销存管理，它在进行账务处理的同时也能让企业对订货、入库、退货以及估价入库等关键业务实行全面管理，满足预付定金、代垫运费、货到付款等资金业务，实现商品采购和资金的紧密连接。它的功能多，针对性强，但是兼容性对比来说不太足够。

速达是后起之秀，它较用友和金蝶更易学、易用、易实施。涵盖采购业务、销售业务、仓库管理、现金银行、工资核算、固定资产、账务系统、经营分析、网络数据、系统维护十大模块，较高效实用。

管家婆是针对中小企业财务应用的软件，价格相对低廉，其操作简单，适用于小型或个体商户进行会计核算，对操作人员没有较高的专业要求，能按录入的进货单、销售单、收款单、付款单等单据，系统就能自动编制记账凭证、分类、汇总，但不适合较专业和大型的会计账务处理。

8.2 小结

　　会计电算化是日后会计工作发展的大趋势，会计人员应加强自身计算机专业知识的积累。

　　会计软件在应用过程中应特别注意资料的定期打印存档或者随机备份，因为计算机软、硬件一旦出现故障病毒，就会对数据的安全可靠造成威胁，严重的会将所有信息资料丢失，造成严重的后果。同时，会计人员在操作过程中应注意严格保密，避免发生会计责任事故。

　　会计人员应尽可能利用会计信息系统所带来的优势，提高工作效率，利用财务软件进行财务分析，力求使自己从事务核算型向财务决策型转变，拓展事业发展道路。